Tiere

D1670967

Tiere
Fremde und Freunde

Winterausstellung
24. November 2021 bis 6. März 2022

Herausgegeben von Franziska Schnoor

Verlag am Klosterhof, St. Gallen
Schwabe Verlag, Basel
2021

© 2021 Verlag am Klosterhof, St. Gallen

Gestaltung und Satz
TGG Hafen Senn Stieger, St. Gallen

Druck und Ausrüstung
Cavelti AG, Gossau

Bestelladressen
Stiftsbibliothek St. Gallen
Klosterhof 6d
9000 St. Gallen/Schweiz
stibi@stibi.ch
www.stiftsbibliothek.ch

Schwabe Verlag
www.schwabe.ch
CH:
Buchzentrum AG
Industriestr. Ost 10
6414 Hägendorf
kundendienst@buchzentrum.ch

DE / AT / übrige Länder:
Brockhaus Kommissionsgeschäft GmbH
Postfach
D-70803 Kornwestheim
info@brocom.de

St. Gallen: Verlag am Klosterhof, 2021
ISBN 978-3-905906-46-2

Basel: Schwabe Verlag,
Schwabe Verlagsgruppe AG, 2021
ISBN 978-3-7965-4519-1

Vorwort

Tiere sind die lebendigen Begleiter der Menschen. Sie haben die Fähigkeit, sowohl uns Angst zu machen als auch uns zutiefst zu rühren. Das war auch in vergangenen Zeiten nicht anders. In vielem sind sich Tiere und Menschen tatsächlich ähnlich, wie schon Aristoteles (384–322 v. Chr.) und viele andere Philosophen der Antike und des Mittelalters festgestellt haben.

Vor dem industriellen Zeitalter war die Beziehung zwischen Menschen und Tieren etwas anders als heute, wohl existenzieller und oft auch konkreter. In der damaligen Agrargesellschaft waren die Menschen in vielerlei Hinsicht auf Tiere angewiesen. Diese übernahmen schwere Arbeiten und dienten als Nahrung. Sie waren aber auch als Freunde anzutreffen, etwa als Hauskatze oder Papagei. Das Spektrum des Umgangs der Menschen mit den Tieren war schon immer breit und reichte von engster emotionaler Verbundenheit bei Haustieren bis hin zu grosser Rücksichtslosigkeit bei Schlachttieren.

Wie vielfältig – manche werden auch denken zweideutig – der Umgang mit Tieren auch in historischer Perspektive ist, zeigt die Winterausstellung der Stiftsbibliothek 2021/22, zu der die vorliegende Schrift als Katalog erscheint. Die darin vorgestellten Beispiele wollen uns diese Fremden und Freunde zugleich näherbringen. Der Blick auf die Vergangenheit soll auch dazu anregen, über unser heutiges Verhältnis zu den Tieren nachzudenken.

Eine Kunstinstallation von Marlies Pekarek zeigt uns eine lange Prozession von Tieren rund um den Barocksaal der Stiftsbibliothek. Die Tiere begleiten uns beim Betrachten der Vitrinen. Wir danken den Sponsoren, die diese Tierparade ermöglicht haben: Arnold Billwiller Stiftung, E. Fritz und Yvonne Hoffmann-Stiftung, Ernst Göhner Stiftung,

Lienhard-Stiftung, Stiftung für Ostschweizer Kunst-schaffen und Susanne und Martin Knechtli-Kradolfer-Stiftung, Stadt St. Gallen und Amt für Kultur des Kantons St. Gallen.

Die Ausstellung wurde von Franziska Schnoor konzipiert, die auch den Löwenanteil des Inhalts bei-gesteuert hat. Grossen Dank dafür! Ich danke ausser-dem allen anderen, die zum Inhalt beigetragen haben, insbesondere Sabine Obermaier für die erhellende Einleitung sowie Andreas Nievergelt und Corinne Schatz für die von ihnen verfassten Kapitel. Dank gilt auch Silvio Frigg für das Einrichten der Vitrinen.

Zu guter Letzt danke ich einmal mehr dem Katholischen Konfessionsteil des Kantons St. Gallen und der Stiftsbibliothekskommission, die die Stifts-bibliothek tragen und begleiten, und dem Bund, dem Kanton und der Stadt St. Gallen für die finanzielle Unterstützung.

Ihnen als Leserinnen und Lesern wünschen wir eine gute Begegnung mit den hier vorgestellten Tieren und ihren Geschichten.

Cornel Dora, Stiftsbibliothekar
Am Gallustag 2020

Auf der Suche nach dem «mittelalterlichen» Tier

Sabine Obermaier

St. Gallen, Stiftsbibliothek
Cod. Sang. 625, S. 7
Pergament, 340 Seiten
25 × 19.5 cm
Dürnstein, 1454

Johann Hartlieb,
Alexanderroman (um 1450)

Gibt es das überhaupt: das «mittelalterliche» Tier? Vielleicht wäre doch vorsichtiger zu formulieren: Die Suche, auf die wir uns nun begeben wollen, gilt dem, was das spezifisch Mittelalterliche ist, wenn es um Tiere im Mittelalter geht. Als Wegmarken mögen uns drei geläufige mediävistische Beschreibungsschablonen dienen, die damit zugleich auf den Prüfstand kommen.

Erste Schablone:
Das im mittelalterlichen Alltag omnipräsente Tier

Der mittelalterliche Mensch ist, insofern er in einer ständisch organisierten Agrarkultur lebt, stets von Tieren umgeben. Unterwegs ist man zu Pferd, Lasten werden mit entsprechenden Lastpferden, Maultieren, Eseln oder mit dem Ochsenkarren transportiert. Ochsen, seltener Pferde, helfen bei der Feldarbeit. Kühe grasen auf den Weiden. Hühner, Enten und Gänse laufen frei umher. Hirten führen Schafe, Ziegen und auch Schweine von Weide zu Weide. Als weitgehend «Outdoor-Tiere» sind mittelalterliche Nutztiere damit nicht nur im Alltag der Bauern präsent. Doch auch die Bedrohung durch wilde Tiere, z. B. durch Wölfe (kaum mehr durch Bären, die im Mittelalter bereits weitgehend ausgerottet sind), dürfte noch unmittelbarer Teil des mittelalterlichen Lebensgefühls sein – und es spiegelt wohl mehr als Kinderangst, wenn Gottfried von Strassburg seinen jungen Titelhelden Tristan fürchten lässt, dass ihn Wölfe und wilde Tiere fressen könnten, als er sich allein ausgesetzt im Wald wiederfindet (*Tristan*, V. 2511–2512). Der Hund ist – als Hirten-, Wach-, Jagd- oder Schosshund – bereits treuer Begleiter des Menschen. Die Jagd auf Niederwild durch die bäuerliche Landbevölkerung dient dem Nahrungserwerb, die Jagd auf Hochwild, insbesondere die Jagd mit Falken durch die dazu privilegierte Aristokratie, ist dagegen eher «als Medium feudaler Identitätsbildung»[1] zu sehen. In den mittelalterlichen Städten an Fluss und Meer entwickelt sich bereits ein ausgeprägtes Fischereiwesen. Und wer im Mittelalter Fisch oder Fleisch isst (und das sind vorzugsweise die Adligen), kann noch gut sehen, dass hier ein Tier auf den Tisch kommt. Ebenso gehören Felle und Pelze noch fraglos zur Garderobe bestimmter Stände.

Tiere, insbesondere Nutztiere, sind – so scheint es – dem Menschen im Mittelalter sehr viel näher als uns heute – oder ist dies nur die bukolische Projektion einer an der modernen Massentierhaltung leidenden Gegenwart? Denn: Wie empfindet ein Mensch das stete Umgeben-Sein von Tieren, wenn er es gar nicht anders kennt? Unterläuft nicht gerade die Selbstverständlichkeit dieser »Nähe« zum Tier das «Nähe»-Theorem? Und: Was heisst hier überhaupt «Nähe»? Schliesst «räumliche Nähe» (insofern Mensch und

fuern schreibt in jenen
pued briefen vnd tuet selbm
daz aller fuersten getaet
werck · gesik klainodt vnd
gezierde · horen vnd lassen
sit beschreiben vnd gillk-
mand dieich zuuerkunden
seyn · Die geschicht von
manger hande vrsach
vnd lauffe weg nn · Zu
dem ersten daz die wert we-
senden vnd gegenwurttig-
en zuersten · die selbem

Coronikten lesen · vnd die sich gut aygentleichen fle-
yssen vnd pben · das sy allen dem das lieber vnd den gemay-
ten nucz suederen ist nachuolgen · Zu dem andern das sy
alles vermeyden dz sy horen hi yren getханen sachen vn
rechtt · vnczimleich vnd vnpillich geschehen sey · Zu
dem dritten daz die gegenwurtigen fuersten sich also halten · daz sy guetz lobe nach yren werich hie in lebm
vnd darnach in yrem tode behaltten · Am letsten sol am
yeglicher fuerst gar aygentleich wissen vnd erkennen ·
was guet oder vbel · rechtt oder vnrecht · genad oder vn-
genad sey · Darumb sol am fuerst nichtt allain die
Coronikten lesen · sunder auch alles das zu weyphaitt-
ich zeuchet vnd obett · Wann die heylig geschrift
sagt durch Salomon · we dem lannde des fuerst ein kl-
inde ist · daz ist vnweyshaitt vnd kchindisch · es aber vnweysen fuersten · dem gemamen nucz uno vil lanno

Tier den Lebensraum miteinander teilen) «emotionale Nähe» ein? Ist doch auch immer wieder zu lesen, dass es das Haustier – als heissgeliebtes Schmuse- und Knuddeltier und Spielgefährte, ja als Spielzeug der Kinder – im Mittelalter so noch gar nicht gibt (wobei dies neuere Forschungen in Frage stellen). Zeugnisse mittelalterlicher «Tierliebe» sind rar – was nicht heissen muss, dass es sie nicht gibt: Klagen um verstorbene Tiere, aber auch Eigennamen für Tiere (vor allem für Pferde und Hunde, aber auch für andere Nutztiere) sprechen dafür, dass Tiere auch geliebt und als «Freunde» wertgeschätzt werden; und Tierheilkunden (wie etwa der hier ausgestellte Palimpsest der *Mulomedicina*) zeigen, dass man sich um das Wohl zumindest bestimmter Tiere – wenn auch vorrangig im eigenen Interesse – sorgt. Vom Wert einzelner Tiere legen mittelalterliche Rechtsquellen ein beredtes Zeugnis ab, wobei es hier vor allem um den materiellen und rechtlichen Wert des Tieres als Eigentum des Menschen geht (Tiere sind auch im Mittelalter Statussymbol), nicht um eine Wertschätzung, wie sie derzeit das Tier im Zuge des *animal turn* gewinnt.

Was ist daran nun spezifisch mittelalterlich? Man kann wohl sagen: Es sind *andere Tiere*, nämlich Nutz- und nicht Haustiere, die im Lebensalltag der mittelalterlichen Menschen präsent sind; und ihre konkrete Präsenz ist – wie wir gesehen haben – stark *ständisch* determiniert. Zu bedenken ist auch, dass sich eine Tierart im Laufe der Geschichte verändern kann; den Blick dafür hat Robert Delort 1984 mit seinem Buch «Les animaux ont une histoire»[2] geschärft. Der mittelalterliche Braunbär z. B. hat ein sehr viel dunkleres Fell; auch gibt es deutlich weniger Hunderassen, und das Schwein ist noch kleiner und rundlicher als sein heute auf Fleischeffizienz gezüchtetes Pendant (um nur einige markante Beispiele zu nennen). Auch in diesem Sinne sind mittelalterliche Tiere andere Tiere.

Überdies sind es *andere Räume* der Präsenz: Der öffentliche Aussen-Raum ist im Mittelalter deutlich stärker von Tieren besetzt, während es heute vor allem der private Innen-Raum ist. Damit sind andere Grenzen von Bedeutung: Die Haustier-/Nutztier-Grenze wird im Mittelalter nicht so scharf gezogen wie die Wild-/Zahm-Grenze, die bereits der Paradies-Darstellung eingeschrieben ist. Die Domestikation wilder Tiere ist nicht von ungefähr ein weit verbreitetes Narrativ der Heiligenlegende, und ein allumfassendes Fleischangebot wird mit der Doppelformel *wilt unde zam* bezeichnet.

Omnipräsent sind Tiere allerdings auch in Form von Bildern und Objekten (z. B. in und an Kirchen sowie an anderen Gebäuden, als Schmuck von Gebrauchsgegenständen, als Wappentiere etc.), aber auch in Form von sprachlichen Zeichen (als Literaturtiere, in Phraseologismen, als Bestandteil von Namen). Das ist im Mittelalter kaum anders als heute bzw. hier sind die Unterschiede sehr subtil: Ich komme darauf zurück.

Zweite Schablone:
Das im Mittelalter (noch) unbekannte Tier

Es gibt Tiere, die dem Mittelalter noch gänzlich unbekannt sind – und das sind nicht nur Tiere, die auf Kontinenten oder in Lebensbereichen (z. B. Tiefsee, Darmflora) zuhause sind, die man noch nicht hat «entdecken» können. Der Zoo, in dem heute jede/r Tiere aus fernen Ländern bestaunen kann, ist im Mittelalter in dieser Form noch nicht erfunden; doch gehören insbesondere exotische Tiere wie Elefanten, Löwen, Eisbären u. a. als gern ausgetauschte Geschenke im Rahmen königlicher Diplomatie zum festen Bestand fürstlicher Menagerien, die allerdings nicht allgemein zugänglich sind. Pilger, Kreuzfahrer und Kaufleute dürften aber auf ihren Fernreisen die Gelegenheit gehabt haben, fremde Tiere zu sehen – davon legen spätmittelalterliche und frühneuzeitliche Reisebeschreibungen gelegentlich Zeugnis ab.

Die Biologie ist noch keine Wissenschaft im heutigen Sinne. An Klosterschulen und mittelalterlichen Universitäten gibt es dieses Fach deshalb auch noch nicht. Die grossen lateinischen mittelalterlichen Naturenzyklopädien des 13. Jahrhunderts – wie der *Liber de naturis rerum* des Thomas von Cantimpré (ca. 1225/26–1241), das *Speculum naturale* des Vinzenz von Beauvais (ca. 1256–1259), *De proprietatibus rerum* des Bartholomäus Anglicus (ca. 1240) oder *De animalibus* von Albertus Magnus (ca. 1256–1260) – sind geschrieben von gelehrten Kirchenmännern. Diese Bücher dienen als «Predigthilfe»[3] und haben das Ziel, ein Instrumentarium zur Deutung der göttlichen Schöpfung bereitzustellen sowie – in ihren späteren Ausprägungen – Orientierungshilfen für moralisch wertvolles Handeln zu geben. Das hier verhandelte Wissen vom Tier beruht allerdings nicht auf eigenen Naturbeobachtungen. Vielmehr wird hier das Tierwissen aus antiken und spätantiken Quellen geschöpft: aus der *Historia animalium* des Aristoteles (334–323 v. Chr., vermittelt über die lateinische Übersetzung durch Michael Scotus aus dem Arabischen), der *Naturalis Historia* des Plinius (um 79 n. Chr.), dem *Hexaemeron* des Ambrosius (339–397 n. Chr.), den *Etymologiae* des Isidor von Sevilla (um 623/30) u. a. m. Dabei bleibt bisweilen – aus Ehrfurcht vor den altehrwürdigen Quellen – Widersprüchliches ungeglättet stehen; nur Albertus Magnus überprüft das Gelesene bisweilen quellenkritisch anhand eigener Erfahrungen. Mittelalterliches Tierwissen ist also wesentlich Buchwissen; und insofern sind auch die Fabeltiere genauso «real» wie die realen, z. T. ähnlich fremden Tiere. Nur dort, wo man auf Tiere unmittelbar angewiesen ist wie etwa bei der Falknerei oder in der Pferdeheilkunde, findet sich empirisches Wissen, also Wissen, wie es aus dem täglichen Umgang mit Tieren erwächst – die Quellen dafür sind rar und wertvoll.

Das bedeutet aber auch: Die in den Enzyklopädien verhandelte Tierwelt ist eigentlich die Tierwelt der Antike, nicht die des Mittelalters. Bemerkbar wird dies dort, wo man die beschriebenen Tiere offenbar gar nicht mehr zu identifizieren vermag: So gibt es

z. B. bei Thomas von Cantimpré gleich drei Einträge zum Flusspferd: *De ipothamo* (nach Plinius), *De equo fluminis* (nach Aristoteles)
und *De equo Nili fluminis* (aus unbekannter Quelle, angeblich nach
Michael Scotus). Gängige Flusspferd-Attribute finden sich dabei
auf drei verschiedene Tiere verteilt, ohne dass auffiele, dass es sich
eigentlich um ein und dasselbe Tier handelt. Die in der Würzburger
Handschrift zum Stichwort *Ipothamus* beigegebene Illustration, die
ein Hybridwesen aus Fischkörper mit Pferdekopf zeigt (Würzburg,
Universitätsbibliothek, M.ch.f.150, fol. 143va), macht unverkennbar
deutlich, dass man Flusspferde nicht kennt (andere Illustrationen
zeigen die «Wasserpferde» als Pferde im Wasser oder als Monster-
wesen). Wir sind heute leicht dabei, solche Missverständnisse und
Irrtümer milde zu belächeln – dabei sollten uns die regelmässigen
Falsifizierungen von Hypothesen, wie sie in der modernen Wissenschaft an der Tagesordnung sind, eines Besseren belehren: Wissen
ist stets nach dem jeweiligen Wissensstand zu bewerten.

Nicht unbedingt genuin mittelalterlich, da zum Teil aus Antike
und Spätantike ererbt, aber doch radikal anders als in der Zeit nach
Linné und Darwin sind die Kriterien zur Einteilung der Tierwelt.
Grosse Autorität hat für das Mittelalter der biblische Schöpfungsbericht (Gen 1,20–25), der die Tierwelt in Tiere des Wassers (ohne
eigenes Wort), geflügelte Tiere (*volatile*), Vieh *(iumenta),* Kriechtiere
(*reptilia*, einschliesslich Insekten) und wilde Landtiere *(bestias terrae)*
einteilt (leicht abweichende Einteilungen finden sich in Dtn 4,17–18;
1 Kön 5,13; Ez 38,20 sowie Gen 6,1–8,22). Diese von den Schöpfungs-
tagen ausgehende Klassifikation lässt sich gut mit Plinius' Einteilung
in Landtiere, Wassertiere, Vögel und Insekten harmonisieren, indem
man die Kriterien Lebensbereiche/Elemente (Luft, Wasser, Erde)
und Fortbewegungsart (Fliegen, Kriechen, Gehen, Schwimmen)
kombiniert. Wie populär solche Einteilungen sind, zeigt die Selbstverständlichkeit, mit der der zweite *Reichston*-Spruch Walthers
von der Vogelweide (1198) rekapituliert: *Ich hôrte ein wazzer diezen /
unde sach die vische vliezen, [...] / swaz kriuchet unde vliuget / und bein
zer erden biuget, / daz sach ich [...]*[4] («Ich hörte das Wasser rauschen
und sah die Fische schwimmen [...]. Alles, was kriecht und fliegt und
das Bein auf die Erde beugt [= geht], das sah ich [...]»).

Eine Klassifikation dieser Art lässt sich auch gut in die Vorstellung einer der göttlichen Ordnung entstammenden «Stufen-
leiter der Natur» einpassen, die streng hierarchisch vom Vollkom-
meneren zum weniger Vollkommenen herab reicht: Menschen,
Tiere, Pflanzen, Steine, Metalle. Innerhalb der Tierwelt gilt nach
Thomas von Cantimpré, der seine Enzyklopädie nach Seinsstufen
gliedert, die folgende Stufenfolge: vierfüssige Tiere, Vögel, Meerwunder (mit eigenem Kapitel!) und Fische (= Wassertiere), Schlangen (= Kriechtiere) und Insekten.

Eine Vorstufe zu Darwins Evolutionstheorie bildet diese
Scala naturae genauso wenig wie das aristotelische Konzept der

St. Gallen, Stiftsbibliothek
Cod. Sang. 77, S. 11
Pergament, 482 Seiten
46.5 × 35 cm
Kloster St. Gallen,
um 850/860

Die Erschaffung der Tiere
im ersten Band der Grossen
Hartmut-Bibel (linke Spalte,
Z. 13–17; rechte Spalte,
Z. 3–8): *Dixit etiam Deus:
Producant aquae reptile
animae viventis et volatile
super terram sub firmamento
caeli. [...] Dixit quoque
Deus: Producat terra
animam viventem in genere
suo, iumenta et reptilia et
bestias terrae secundum
species suas* («Dann sprach
Gott: Das Wasser wimmle
von Schwärmen lebendiger
Wesen und Vögel sollen
über der Erde am Himmels-
gewölbe fliegen. [...] Dann
sprach Gott: Die Erde bringe
Lebewesen aller Art hervor,
von Vieh, von Kriechtieren
und von Wildtieren der
Erde nach ihrer Art»,
Gen 1,20 und 24).

ut prae eff& diei · &lu
minare minuf ut prae
eff& nocti· Etftellaf · VI ·
& pofuit eaf infirmamen
to caeli· utlucerent fup
terram· & prae effent
diei ac nocti· & diuide
rent lucem ac tenebraf
Et uidit df quod effet
bonum· Et factum eft
uefpere &mane· dief
quar tuf

IXIT ETIAM DS·
Producant aquae rep
tile animae uiuentif· et
uolatile fuper terram·
fub firmamento caeli·
Creauit q· df coetegran
dia· &omnem animam
uiuentem atq· motabile·
quam produxerant a
quae in fpecief fuaf· et
omne uolatile fecundum
genuf fuum· Et uidit
df quod eff& bonum· be
nedixit q· eif dicenf·
Crefcite &multiplica
mini· &replete aquaf
marif· auefq· multipli
centur fup terram·

Et factum eft uefpe
re &mane· dief quintuf
IXIT quo que ōs·
Producat terra animā
uiuentem in genere fuo·
iumenta &reptilia· &bef
tiaf terrae· fecundū fpe
cief fuaf· factum q· eft
ita· Et tfecit df beftiaf
terrae· iuxta fpecief fu
af· et iumenta· et omne
reptile terrae· in gene
re fuo· Et uidit df qd
eff& bonum· & ait· Fa
ciamuf hominem· ad ima
ginem &fimilitudinem
nram· et praefit pifcib:
marif· &uolatilibuf cae
li· &beftiif· uniuerfeq·
terrae· omnique repti
li· quod mouetur interra· IV
Et creauit df homine
ad imaginem fuam· adi
maginem di creauit illū·
mafculum &feminam cre
auit illof· Bene dixit q·
illif df· &ait· Crefcite
& multiplicamini· &reple
te terram· &fubicite eam·
Et dominamini pifcib:

«Lebensleiter». Zwar sehen mittelalterliche Gelehrte die Nähe zwischen Mensch und Affe durchaus, aber an eine genetische Abstammung denkt noch niemand. Bei der mit grossem Ernst geführten Diskussion, ob *monstra* mehr beim Tier oder mehr beim Menschen anzusiedeln sind, ordnet Albertus Magnus die Pygmäen über den Affen, aber eine Stufe unter dem Menschen ein;[5] im nächsten Kapitel zählt er sie allerdings wieder zu den Affen – «Animalisierung» ist auch im Mittelalter ein traditioneller Topos im Diskurs über das Fremde. Und obgleich die Tier-Mensch-Grenze noch unantastbar erscheint, greifen auch die Gelehrten des Mittelalters den alten Streit auf, ob die Tiere eine Ratio, ja eine Seele haben.

Halten wir fest: Das Wissen vom Tier, wie es sich in den gelehrten Naturkunden des Mittelalters präsentiert, ist *elitär* (insofern es vor allem die Domäne der Gelehrten ist), *literarisch* (insofern es Buchwissen ist), *konservativ* (insofern es antike Quellen reproduziert) und *theologisch motiviert* (insofern es Predigthilfe sein will). Damit entspricht die mittelalterliche Tierkunde mitnichten unseren Vorstellungen einer Naturwissenschaft. Von daher verbietet es sich auch, Konrads von Megenberg *Buch der Natur* (1348/50), die deutsche Übersetzung einer Kurzversion des *Liber de natura rerum* des Thomas von Cantimpré, als «erste Naturgeschichte in deutscher Sprache» zu bezeichnen, wie es sein erster Herausgeber Franz Pfeiffer noch unbekümmert tat.

Von heutiger Warte aus wirkt mittelalterliches Tierwissen *rudimentär* und *erratisch*: Das Tier erscheint als (noch) unbekanntes Tier. Wir lächeln, wenn die Fledermaus, die bereits Aristoteles als Säugetier bestimmt und die selbst von den mittelalterlichen Enzyklopädisten als «gebärendes» und «säugendes» Tier erkannt wird, zu den Vögeln gezählt wird und der Wal zu den Fischen, obwohl er, wie Konrad von Megenberg sagt, *vnchæuscht,* d. h. säugetiergemässen Geschlechtsverkehr hat. Denkt man aber vom Massstab des Mittelalters aus, ist diese Zuordnung gar nicht mehr so falsch: Vögel sind Lufttiere, die fliegen; Fische sind Wassertiere, die schwimmen. Und wenn Krokodil, Delfin und Flusspferd neben Meermönch und Meerjungfrau bei den Meerwundern zu finden sind, zeigt dies, dass die Grenze Fabeltier/reales Tier für die Naturkunde des Mittelalters wie noch der frühen Neuzeit so gar nicht existiert; noch Conrad Gessner integriert das ein oder andere Fabelwesen (z. B. das Einhorn) in seine *Historia animalium* (1551–1558).

Dritte Schablone:
Das als allegorisches Zeichen zu lesende Tier

Wer im Mittelalter Naturkunde betreibt, tut dies nicht um der Natur willen: Als göttliche Schöpfung ist das «Buch der Natur» ein – zur Bibellektüre gleichberechtigter – Weg zur Erkenntnis Gottes und der Welt, wie es Alanus ab Insulis († um 1202), ein französischer Zisterziensermönch aus der Schule von Chartres, so einprägsam

formuliert hat: *Omnis mundi creatura / quasi liber et pictura / nobis est et speculum, / nostrae vitae, nostrae mortis, / nostri status, nostrae sortis / fidele signaculum*[6] («Die gesamte Schöpfung der Welt ist für uns gleichsam ein Buch und ein Bild und ein Spiegel, ist ein getreues Zeichen unseres Lebens, unseres Todes, unseres Zustandes [und] unseres Schicksals»). Die «natürlichen Dinge», zu denen auch die Tiere gehören, werden also sämtlich als *Zeichen* verstanden, die auf Gott, Welt und Mensch verweisen.

Prominentestes Zeugnis dieses Denkens ist der *Physiologus*, eine im 2. Jahrhundert n. Chr. innerhalb der frühchristlichen Gemeinden Alexandrias entstandene, ursprünglich griechische «Naturlehre», die das christliche Mittelalter in lateinischen und volkssprachigen Übersetzungen intensiv rezipiert. Beschrieben werden darin zunächst die natürlichen Eigenschaften, die sog. *proprietates* der Tiere, ursprünglich auch noch der Pflanzen und Steine, welche in der Bibel vorkommen, um sie dann Punkt für Punkt theologisch auszulegen. So etwa steht der Adler, der – alt und blind geworden – eine Quelle sucht, von dort zur Sonne fliegt, dort sein Gefieder verbrennt und sich danach in die Quelle zurück fallen lässt, wodurch er wieder jung und sehend wird, für den Menschen der alten Sünde (einen Juden oder einen Heiden), der durch die Taufe geistlich wiedergeboren wird (*Physiologus, Millstätter Reimfassung*, V. 130,3–131,6). Die Proprietäten-Beschreibungen orientieren sich dabei am tradierten naturkundlichen Buchwissen. Eine weitere Besonderheit dieser spezifisch mittelalterlichen Art, über Tiere zu denken und Tiere auszulegen, ist, dass man kein Problem damit hat, ein und dasselbe Tier sowohl *in bonam partem* (zum Guten) als auch *in malam partem* (zum Schlechten) zu deuten: Der Adlervater, der seine Jungen zwingt, direkt in die Sonne zu sehen, und der das Küken, das blinzelt oder dessen Auge tränt, aus dem Nest wirft, steht für den Christen, der seine Werke prüft. Diese Proprietät der «Jungenprobe» des Adlers ist allerdings nicht in den überlieferten *Physiologus*-Texten zu finden, sondern in den – das *Physiologus*-Wissen anreichernden und vulgarisierenden – mittelalterlichen Bestiarien, z. B. in *De bestiis et aliis rebus* des Ps.-Hugo von St. Victor. Die naturkundliche Grundlage für diese Proprietät ist bereits in der *Naturalis Historia* des Plinius nachzulesen.

Das Tier ist hier also ein Bedeutungsträger ganz besonderer Art: Es ist nicht der Mensch, der das Tier als Zeichen benutzt, sondern das Tier *ist Zeichen*, insofern es Teil der göttlichen Schöpfung ist. Dies macht verständlich, warum der Meissner, ein theologisch versierter Sangspruchdichter des 13. Jahrhunderts, seinen Sangeskollegen Marner harsch angeht, weil dieser in seinem *Physiologus*-Spruch[7] nach Ansicht des Meissners seine «wissenschaftliche Sorgfaltspflicht» verletzt: *her lese baz die buoch*[8] («er möge die Bücher genauer lesen»). Der Meissner kritisiert hier eine fehlerhafte Wiedergabe der Proprietäten von Strauss, Phönix und Pelikan, weil diese eben nicht im willkürlichen Ermessen des Autors liegt, sondern

einer höheren Wahrheit zu folgen hat. Der Marner verstösst – dem Meissner zufolge – also gegen die Sinnfindungsregel der christlichen Hermeneutik, wie sie Friedrich Ohly in seinem massgeblichen Aufsatz «Vom geistigen Sinn des Wortes im Mittelalter» (1958/59) freigelegt und beschrieben hat: Jedes von Gott geschaffene Ding, welches durch das Wort benannt wird, «deutet auf einen höheren Sinn, ist Zeichen von etwas Geistigem, hat eine *significatio*, eine *be-zeichenunge* [sic!], eine Be-deutung [sic!]».[9] Die Erschliessung dieser Bedeutung geschieht aufgrund der Eigenschaften (lat. *proprietates*) des Dings, welche zugleich Eigenschaften oder Merkmale des Bezeichnenden (der *res significans*) wie des Bezeichneten (des *significatum*) sind. Die Proprietäten sind also wahr im Sinne ihrer Bedeutung und insofern korrekt wiederzugeben.

Wer nun aber glaubt, damit auch den Schlüssel zum Verstehen literarischer Tier-Bilder des Mittelalters in der Hand zu halten, wird enttäuscht: Enites Pferde im *Erec* Hartmanns von Aue, der Löwe in Hartmanns *Iwein,* das Wunderhündchen Petitcreiu und der Minnegrotten-Hirsch in Gottfrieds *Tristan,* der Drache, den Herzeloyde im *Parzival* Wolframs von Eschenbach zu gebären träumt, oder der Drache, in dessen Blut Siegfried im *Nibelungenlied* badet, wie auch der Fuchs Reinhart und der Wolf Isengrim aus dem Tierepos oder gar die Nachtigallen im Minnesang (um nur ein paar prominente Beispiele zu nennen) – sie alle sind über die christliche Tierallegorese im Grunde nicht oder zumindest nicht allein zu erschliessen. Ob als Vergleich, Metapher, Teil des Namens oder Wappens oder als Traumsymbol, ob als Geschenk, Reittier, Gefährte, Kampfgegner oder Jagdbeute – literarische Tiere übernehmen ganz eigene Funktionen für das Werk, in dem sie anzutreffen sind: Beispielsweise markieren sie den sozialen Status oder beschreiben die Qualität(en) einer Figur, sie machen die Figur identifizierbar, sie verknüpfen Figuren und Szenen, sie kommentieren implizit Figur oder Geschehen usw. Es sind hier die jeweiligen mittelalterlichen Autoren und/oder ihre Leserinnen und Leser, die für das konkrete Tier innerhalb des konkreten Werkkontextes die Bedeutung setzen, die also das Tier erst *zum Zeichen machen.* Und in diese Bedeutungssetzungen können sich traditionelle (auch: naturallegoretische) Deutungen sowie andere zeitgenössische Wissensbestände vom Tier einschreiben.

Dass das Tier als literarisches Zeichen Teil hat an den spezifischen Wissens-, Denk- und Deutungstraditionen des Mittelalters, macht auch das literarische Tier des Mittelalters zu einem «mittelalterlichen» Tier. Darüber hinaus lassen sich auch einige Unterschiede zum neuzeitlichen literarischen Tier benennen: In der mittelalterlichen Literatur kommt – zumindest, was die prominenteren Tierfiguren angeht – ein *begrenztes Tierrepetoire* zum Einsatz: Es sind vor allem Tiere aus der adligen Lebenswelt (Pferde, Hunde, Jagdtiere usw., aber auch: Löwen), bestimmte Fabeltiere (Drache, Einhorn usw.) oder eben das feste Tierpersonal aus der

antiken Fabeltradition (Fuchs, Wolf usw.), welche eine grössere Rolle spielen. Auffällig ist auch, dass in der Literatur des Mittelalters Tiere zwar den Status einer literarischen Figur erhalten können, prominent etwa der Löwe in Hartmanns *Iwein,* man aber in der Rolle des Protagonisten, der Reflektorfigur oder gar des (Ich-)Erzählers Tiere vergebens sucht, sieht man von den Tieren der Fabel und des Tierepos, die jedoch als Tiere verkleidete Menschen sind, ab. Eine bemerkenswerte Ausnahme ist der Eisbär im Märe *Schrätel und Wasserbär* (spätes 13. Jahrhundert), der zumindest im Mittelstück der Erzählung Mit-Protagonisten-Status erhält; auch der Hengst Beiart spielt im *Reinolt von Montelban* bzw. den *Haimonskindern* (15. Jahrhundert) die Rolle eines Mit-Protagonisten, wenn auch den menschlichen Protagonisten dieses Erzähltextes nicht ganz gleichgestellt. Dass versucht würde, sich erzählend in die Tierheit von Tieren hineinzuversetzen, ist mir in der mittelalterlichen Literatur nicht begegnet: Das Tier tritt als literarische Figur *nur reduziert* auf, es *bleibt Zeichen.*

Ein Beispiel als Resümee: Alexander und Pucival

Die mittelalterlichen Alexanderromane, die auch Alexanders Verhältnis zu seinem fabulösen Hengst Bukephalos aufgreifen, geben uns die Gelegenheit, unsere Überlegungen zum «mittelalterlichen» Tier abzurunden. Wir schauen auf den *Alexander* Ulrichs von Etzenbach (um 1284),[10] weil dieser in der Tradition der *Alexandreis* Walthers von Châtillon stehende Alexanderroman nicht nur von der Bezwingung Pucivals, wie das Pferd hier heisst, durch den Knaben Alexander erzählt, sondern auch von Pucivals Tod. Bei ihrer ersten Begegnung fällt dieses unbezwingbare, Menschen tötende Fabel-Pferd vor dem Knaben Alexander auf die Knie und lässt sich von ihm mühelos das Zaumzeug anlegen, satteln und reiten (V. 1660–1720):[11] Dem Ausnahme-Herrscher Alexander gebührt das Ausnahme-Pferd Pucival, Ross und Reiter bilden künftig eine siegreiche Kampfeinheit. In der Schlacht gegen Porus findet Pucival den Tod, was Alexander ausdrücklich beklagt, indem er an die vielen Feinde erinnert, die er auf Pucival bezwungen hat und die er auf ihm noch hätte bezwingen wollen (V. 20044–20056). Daraufhin führt er die Schlacht auf einem sofort bereit gestellten Ersatzpferd (V. 20057) zu Ende.[12] Auf seiner Orientfahrt kehrt Alexander erneut an diesen Ort zurück und lässt Pucivals Gebeine in seidene Tücher einschlagen und in ein aufwändig ausgestattetes Grabmal legen; und auf dem Grabstein lässt er eine Inschrift anbringen, auf der man von den Taten lesen kann, die er auf Pucival vollbracht hat (V. 23539–23552). Überdies lässt Alexander an dieser Stelle eine Stadt mit Namen Pucival (griech. Bukephala, heute wohl Jalepur) errichten (V. 23553–23555).[13]

Die hier beschriebene Ritter-Pferd-Symbiose ist typisch für das Mittelalter und weist zugleich über den Normalfall hinaus: Als

Spiegel seines Reiters, als Standesattribut, ja als Herrschaftssignum wird das Pferd «zur komplexen Einschreibefläche für das ‹kulturelle› Selbstverständnis des [mittelalterlichen] Adels».[14] Im Akt der Zähmung beweist sich Alexander als künftiger Herrscher, das Bezwingen des unbezwingbaren Pferdes lässt sich als eine Herrschaftsprobe par excellence lesen. Das Verhältnis zwischen Mensch und Tier ist funktional, das verdeutlicht insbesondere der Einsatz eines Ersatzpferdes: Das Tier dient dem Menschen, der Mensch ist auf das Tier angewiesen – und insofern wird verständlich, warum gerade eine Aussage zum materiellen (!) Wert des Pferdes, der, hätte das Pferd Alexander in seinen Schlachten weiter unterstützen können, mit *drîzig lande* (V. 20056, «dreissig Länder»)[15] sehr hoch angesetzt wird, Alexanders Totenklage beschliesst. Auf eine emotionale Bindung mag der Umstand hindeuten, dass das Tier – wie es für Pferde recht üblich ist – einen Eigennamen trägt. Grabmal und Städtegründung scheinen darüber hinaus ein eindrückliches Zeugnis von «Tierliebe» zu bieten. Zuvor schon schildert Ulrich, wie sich Alexander liebevoll um sein ermattetes Streitross kümmert, indem er es vom Kopfschutz befreit und ihm den Schweiss von den Augen wischt (V. 13341–13346).[16] Allerdings: Klage und Grabstein erinnern vorrangig an die Taten, die Alexander (!) auf Pucival vollbracht hat, nicht an Pucival selbst – das Pferd wird zum Memorial für Alexanders Leistung. Im hier ausgestellten *Alexander* Johann Hartliebs (um 1450), der zwar den Tod des Pferdes nicht eigens erzählt, aber an späterer Stelle erwähnt, erhält die Stadt, die Alexander an der *statt, da sein wunderleich rozz Buffaly begraben wardt* (Z. 7345, Übers.: Stelle, wo sein erstaunliches Streitross Bukephalos begraben wurde) erbauen lässt, daher sehr folgerichtig den Namen Alexandria (Z. 7344) und nicht Bukephala (sie ist hier die erste der zwölf Städte, die Alexander nach Hartlieb gegründet hat und die seinen Namen tragen).[17]

Um nun unsere Spurensuche zu einem Ende zu führen (und mir ist bewusst, dass ich damit sehr holzschnittartig vereinfache), könnte man sagen, dass Alexanders Pferd Pucival in gewisser Weise all das verkörpert, was das «mittelalterliche» Tier ausmacht: Es ist ein Tier für den Menschen, um des Menschen willen, ein Nutz- und Gebrauchstier, ein Standestier, ein Symboltier, ein Zeichen. Es ist aber auch ein Buchtier, ein Tier aus antiker Quelle, ein – um dieses Oxymoron zu bemühen – «reales Fabeltier». Anfangs noch ein fremdes Tier, ein unbekanntes Tier, wird es für Alexander zu einem nahen Tier, einem geliebten Tier. Vieles davon liesse sich gewiss auch über Tiere anderer Epochen sagen – was das Tier zum «mittelalterlichen» Tier macht, sind die spezifischen Gegebenheiten des Mittelalters (wie hier: Rittertum und Herrschaft, in anderen Kontexten: das Christentum), die die Vorstellung vom Tier im Mittelalter massgeblich bestimmen.

St. Gallen, Stiftsbibliothek
Cod. Sang. 625, S. 313
Pergament, 340 Seiten
25 × 19.5 cm
Dürnstein, 1454

Johann Hartlieb,
Alexanderroman (um 1450).
Alexander erbaut eine Stadt
namens Alexandria dort,
wo sein Pferd Buffaly
(Bukephalos) begraben ist
(Z. 12–15).

kchrechen · von Macedo · gezen zu kunig · erwelt · des
wolt er nicht · darumb das Alexanders · weyb Roxa ·
kynder hett · Der selb Ptholomeus · thett gar loblich
en bey statten Alexandern · zu waren auch alle volcker ·
willig und gehorsam · und wurden seiner greb
nuss gar gnaing ·

Alexander · lebt drewunddreyssigk
jare · und hett in zwolff jaren ·
alle werlt zu underthan und ge
horsam gemacht · Er hett gepaw
en zwolff Stett · und die all nach
seinem namen genennt · Er hett
gepawen ein Statt · und nennet ·
die Alexandria · an die stat da sein
wunderleich Roz Bucifaly · begraben ward · Er hett ·
mer gemacht und gepawen Alexandriam · die hochen
in den stanwenden · Hatt er aber gepawen ain Statt
und sy genant Alexandriam · bey dem kunig Poris
Und ain Statt in Stitia · gepawen und genant Alexan
dria · und ain Statt genant Alexandria · in Dabilonia
und ain Statt genant Alexandria · bey Massagette ·
und ain Statt in Egypten · die hayst Alexandria · da er
begraben ligt · Und bey Origitta · hatt er gepawen
ain Statt genant Alexandria · und ain Statt genant
Alexandria · hatt er gepawen bey Gegnieto · Auch ain
Statt genant Alexandria · bey Trafand · und ain
Statt Alexandria · genant hatt er gepawen bey
Tygris · dem grozzen wazzer · Und ain Statt genant
Alexandria · bey dem gepirge Schantos · zu allen den
Stetten hatt er an yeglich thor · mit kriechischen puech
staben geschriben · warumb er die selben Stett gepawen
hatt · und gab yegleicher ettleichen kriechischen puech
staben zu zweren in ze Pawer · und zren Schilte · Zu

1

Tiere als Freunde

Franziska Schnoor

Gab es schon in der Antike und im Mittelalter freundschaftliche Beziehungen von Menschen zu Tieren oder ist die emotionale Bindung zum Haustier eine «Erfindung» der Neuzeit? Sabine Obermaier legt in ihrer Einleitung zu diesem Katalog dar, dass die Mensch-Tier-Beziehung im Mittelalter zwar anders geartet war, als sie heute ist, aber dass es doch Zeugnisse für die Freundschaft zu Tieren gibt (vgl. S. 10).[18]

Im Folgenden werden drei Texte vorgestellt, in denen wir solchen Freundschaften begegnen. Der erste – Ovids *Amores* 2, 6 über den Papagei der Corinna – ist eine antike Liebeselegie, die übrigen zwei sind mittelalterliche Heiligenleben. Es werden also Quellen unterschiedlicher Art herangezogen, die aber gemeinsam haben, dass sie literarische Texte sind. Eine mehr oder weniger starke Stilisierung ist daher anzunehmen, und man muss kritisch fragen, ob die Texte überhaupt als Belege für ein bestimmtes Verhalten von Menschen gegenüber Tieren genommen werden können.

Während die ältere Forschung Ovids Liebeselegien autobiographisch gelesen hat, unterscheidet die jüngere Forschung zwischen dem Autor Ovid und seiner *persona* (dem elegischen Ich), die in den Gedichten als Dichter und Liebhaber auftritt. Die Beziehung zu Corinna, der Geliebten, wird vielfach als fiktiv angesehen. Wenn es aber keine reale Corinna gab, so existierte folglich auch kein Papagei, der ihr gehörte und den sie mochte. Der Papagei wird in neueren Aufsätzen stattdessen etwa als Sinnbild für den Dichter Ovid gelesen.[19] Dass er kein reales Tier repräsentiert, heisst jedoch nicht, dass eine freundschaftliche Beziehung zwischen einem Papagei und seiner Besitzerin zu Ovids Zeiten undenkbar war. Vielmehr kann das Tier nur dann metaphorisch gedeutet werden, wenn das dahinterstehende Verhalten plausibel ist. Dass in Rom Papageien gehalten wurden, ist auch aus anderen Quellen belegt.[20]

In mittelalterlichen Heiligenleben muss man stets damit rechnen, dass das, was über einen Heiligen oder eine Heilige geschrieben wird, teilweise auf einer literarischen Tradition beruht und nicht unbedingt der Wahrheit entspricht. In den vorgestellten Texten lassen die Tierepisoden aber wohl auf eine grundsätzliche Realität schliessen. In der Geschichte vom Eremiten und der Katze in der *Vita Gregorii magni* wird das tierfreundliche Verhalten des Einsiedlers gerade dadurch glaubwürdiger, dass es kritisiert wird. Und in den Viten des Franz von Assisi lässt die Häufung von tierbezogenen Episoden auf ein besonderes, von Geschwisterlichkeit geprägtes Verhältnis von Franziskus zu Tieren schliessen. Ein Vergleich mit authentischen Äusserungen des Heiligen bestätigt das.

qᷓe erant & erat culti lamare capillos
Et fuit in tenerꝰ impeꝛ ire genial'
Vt faciē uidi fortes cecidere lacerti
Defensa ē armis nꝛa puella suis
qᷓ m̄ sciūs etā supplex ultroꝗ rogaui
Oscula ne nob̄ deteriora dares
Risit & eximo dedꝺ oscula qualia possent
Excutere irato tela trisulca ioui
Torqueoꝛ infelix ne tā bona senserit alt'
Et uolo nᷓ exhac illa fuisse nota
Hec qꝗ quā docui multo meliora fuerᷓ
Et qꝺ etā uisa ē addidicisse noui
Qꝺ nimiū placuere malū ē qꝺ tota labellis
Lingua tua ē nꝛī nᷓ recepta tuis
Nec tā si unū doleo nᷓ oscula tantū

Iuncta queroꝛ quāuis hec ꝗꝗ iuncta queroꝛ
Illa nisi in lecto nusquā potuere doceri
Nescio qs pciū gdē magister habet

   ꝺitac eois imitatrix te ales ab indis
   Occidit exeqas ite frequent aues
Ite pie uolucres & plangite pectora pennis
& rigido teneras ungue notate genas
horrida ꝑmestis lanietꝰ pluma capillis
Pro longa resonent carmina uestra tuba
Qd scelus ismarii quereris philomela tyranni
Expleta ē animis ista querela tuis
Altius in arte miserū diuitᷓte funus
Magna sʒ antiqua ē causa doloris ytis
O ins ꝗ liqdo libratis inaere cursus
Tu tm̄ ante alios tuꝛtꝰ amice dole
Plena fuit uob̄ om̄ concordia uitᷓ
& stetit ad finē longa tenaxꝗ fides
Qꝺ fuit argolico iuuenis phoceꝰ horesti
hoc tibi dū licuit psitace turtur erat
Qꝺ tm̄ ista fides qꝺ rari forma coloris
Qꝺ uox mutandis ingeniosa sonis
Qꝺ iuuat ut dat ē nᷓe placuisse puelle
Infelix auiū glā nempe iaces
Tu potas fragiles pennis hebetare smaragdos
Tincta gerens rubro punica rustra croco
Non fuit in tris uocū simulantior ales
Reddebas bleso tā bn̄ uerba sono
Rapta es inuidia nᷓ tu fera bella mouebas

Die Elegie beginnt in Z. 19, die P-Initiale ist nicht ausgeführt worden: *Psittacus, Eois imitatrix ales ab Indis / occidit [...]* («Der Papagei, der Nachahmer unter den Vögeln aus dem indischen Morgenland, ist gestorben [...]»).

Corinnas Papagei

Ein Papagei – ein Vogel, der aus Indien stammt und Stimmen nachahmen kann – ist gestorben und alle anderen Vögel sollen um ihn trauern: So beginnt das sechste Gedicht im zweiten Buch der Liebeselegien (*Amores*) des römischen Dichters Ovid (43 v. Chr. – 17 n. Chr.).[21] Die Vögel werden aufgefordert, mit menschlichen Trauergesten ihren Schmerz zum Ausdruck zu bringen, sie sollen sich mit den Flügeln an die Brust schlagen, ihre Wangen mit den scharfen Krallen zerkratzen und sich die Flaumfedern auf dem Kopf zerraufen. Viel zu früh musste der Papagei sterben, während andere, viel schlechtere Vögel länger leben. Weder seine Treue noch seine Sprachbegabung oder seine Schönheit[22] bewahrten ihn vor dem Tod. Einen Trost gibt es immerhin: Er wird ins Vogel-Elysium kommen.

Was hat ein Gedicht, das vordergründig als Totenklage auf ein Tier erscheint, in einer Sammlung von Liebeselegien zu suchen? Die Antwort liegt in Corinna, der Geliebten des elegischen Ichs in Ovids *Amores*. Ihr gehörte der Papagei, sie sorgte sich um ihn, als er krank war, beobachtete die Entwicklung seiner Krankheit genau, legte sogar Gelübde für seine Genesung ab und konnte doch nicht verhindern, dass der Vogel am siebten Tag starb. Noch im Sterben rief er ihren Namen: *Corinna, vale* («Corinna, leb wohl», V. 48).

Ovid zeichnet das Bild einer von Zuneigung geprägten Beziehung zwischen Corinna und ihrem Papagei, der ihr von dem Moment an gefiel, als sie ihn geschenkt bekam (V. 19). Das steht auch auf der Grabinschrift, die Ovid dem Vogel selbst in den Schnabel legt: *Colligor ex ipso dominae placuisse sepulcro* («An diesem Grab kann man erkennen, dass ich meiner Herrin gefiel», V. 61).

Der zweite Vers der Grabinschrift geht auf die typischste Eigenschaft des Papageis ein, seine Sprachfähigkeit: *Ora fuere mihi plus ave docta loqui*. Wegen des Wortspiels mit *ave* ist dieser Vers zweideutig: «Mein Schnabel konnte mehr sprechen als jeder andere Vogel» oder «Mein Schnabel konnte mehr als nur ‹Ave› sagen». Dass Papageien *Ave* («sei gegrüsst») sagen, berichtet schon Plinius der Ältere in seiner Naturgeschichte. Corinnas Papagei konnte noch mehr: Wenn Ovid dem Vogel nachsagt, er habe sich sterbend von Corinna verabschiedet, so spricht er ihm indirekt menschlichen Verstand zu.

Die Handschrift, in der diese Elegie überliefert ist, besteht aus vier unabhängig voneinander im 11. und 12. Jahrhundert entstandenen Teilen mit Werken der antiken Autoren Horaz, Lukan, Sallust und Ovid. Der Teil mit Ovids *Amores* ist zwischen den Zeilen und am Rand intensiv kommentiert worden. Wir wissen allerdings nicht, ob der Text und die Kommentierung in St.Gallen entstanden sind. Für den Unterricht an der Klosterschule eigneten sich die Liebesgedichte eher nicht.

Der Einsiedler und seine Katze

St. Gallen, Stiftsbibliothek
Cod. Sang. 578, S. 105
Pergament, 294 Seiten
34–35 × 25–26 cm
St. Gallen, um 900

Johannes Diaconus († 880/882)[23] erzählt in seiner zwischen 873 und 876 verfassten Lebensbeschreibung Papst Gregors des Grossen († 604) von einem Eremiten und seiner Katze:

Ein Einsiedler besitzt nichts auf der Welt ausser einer Katze, mit der er zusammenlebt. Gerne lässt er sie auf seinem Schoss sitzen und streichelt sie. Er möchte nun wissen, wie es ihm nach seinem Tod ergehen wird. Als ihm in einer nächtlichen Vision offenbart wird, dass er im Jenseits bei Papst Gregor dem Grossen leben wird, ist der Einsiedler schockiert. Er soll nach dem Tod mit einem so reichen Mann zusammenleben? Haben etwa sein Leben in freiwilliger Armut, sein Fasten und seine Abkehr von der Welt ihm gar nichts genützt? Wieder und wieder vergleicht er seine eigene Armut mit Gregors grossem Reichtum und beklagt sich bitterlich. Da sagt ihm Christus in einer weiteren Traumvision: «Reich ist nicht, wer viel besitzt, sondern wer viel begehrt. Wie kannst du dich für arm halten, obwohl du deine Katze, die du täglich streichelst und niemandem überlassen würdest, mehr liebst als Gregor alle seine Reichtümer, die er nicht liebte, sondern verachtete und freigebig an alle verschenkte?» Daraufhin sieht der Eremit ein, welch grosse Ehre es ist, nach dem Tod mit Gregor dem Grossen zusammenleben zu dürfen, und betet inständig darum, dass ihm das zuteilwerden möge.[24]

Rainer Kampling bezeichnet das Motiv des Eremiten und seiner Katze als «literarisches Wandermotiv».[25] Es ist in der mittelalterlichen Literatur immer wieder anzutreffen, verweist aber trotz literarischer Abhängigkeiten wohl auf einen wahren Kern: Eremiten haben manchmal Katzen gehalten und ihre Gesellschaft zu schätzen gewusst. Vom Nutzen der Katze als Mäusefängerin ist hier nicht die Rede, die Beziehung ist vielmehr emotional geprägt. Sie stösst aber auf Missbilligung, weil der Eremit mit ihr gegen sein Armutsgelübde verstösst: Reichtum ist das, woran das Herz hängt, unabhängig vom materiellen Wert. Das Herz eines Einsiedlers sollte aber allein an Gott hängen, nicht an weltlichem Besitz, anderen Menschen oder Tieren.

Interessanterweise ist mit keinem Wort die Rede davon, dass der Einsiedler sich nach der zweiten Vision von der Katze trennte. Ob er das tat oder nicht, ist aber im Kontext der Vita Gregors des Grossen auch gar nicht wichtig. Die Erzählung erfüllt vielmehr eine andere Funktion: Sie entschuldigt den Reichtum des Papstes, der einem Heiligen eigentlich nicht angemessen ist. Entscheidend ist aber der Umgang mit dem Reichtum, und hier erweist sich Gregor als der bessere Christ, da er seinen Besitz verachtete und an die Armen verteilte.

ta ergo tua experientia faciat·
ut sine alicuius uexatione coloni
ecclesiastici frumenta congre
gentur· ante quam fames uehe
menter immineat; Lx·
uuus liberalitatis multitudine·
quidam heremitarum uir magne
uirtutis· qui nihil inmundo pos
sidebat· preter unam cattam· quam blan
diens crebro· quasi cohabitatricem·
insius gremius refouebat· cognos
cens orasse fertur addnm· ut sibi
ostendere dignaretur· quam fu
ture remunerationis mansionem
sperare debuisset· qui pillius a
more setin deserens· nihil exel
diuitiis possideret· Cumque nocte
quadam dormiret· cognoscit sibi
reuelatum fuisse· ut cum gregorio
romano pontifice· mansionem
sibi preparandam sperare debu
isset· At ille fortiter ingemiscens·
parum sibi pfuisse uoluntaria
rerum inopiam· tantaque sue remu
nerationis ieiunia· sicum eo man
sione reciperet· qui tantis mun
dialibus diuitiis redundaret;
Cu uero gregorianas diuitias·

sue pauptati die noctuq· suspirando
conferret· alia nocte quiescens· audi
uit sibi dnm insomnis dicente·
Quando diuitie nonpossessio di
uitiarum faciat· sedcupido· cur
audes pauptatem tuam· grego
rii diuitiis comparare· qui ma
gis illam cattam· quam habes cotti
die palpando· nulliq· conferendo·
diligere compbaris· quam ille
qui tantas diuitias non amando·
sed contemnendo· cunctisq· libe
raliter largiendo· dispgit· ita
solitarius increpatus· dogra
tias reulta· & quimertum suum
decreuisse putauerat· si grego
rio conferretur· orare uehemen
tius coepit· ut cum eo mansione quan
doque percipere mereretur·
Sed istius iam secundi libri finis
adueniat· utque secutura sunt·
auxiliante dno tertius psequa
tur· Explicit Liber Secundus·

INCIPIUNT CAPITULA·
LIBRI TERTII·

crada i sicut residens frequenter canebat
dicens manum extensas uocaui
dicens soror mea crada uc̄i ad me
dicens ita obediens si cui manum ascendit. Et cum ille cantat soror crada
z dūm dm̄ lauda. Dicens prius canel
ij ii licentiata recessit. Et post lu-
tius lampadibus, z cantet nolens
sua manu decōparare fulgore sup
petras renouet ambulabat cū titu-
ri ij dr psal̄ los diua humelos ne
tu sementur pedibus oculeae z apibus
ne i dia peant glane hymali
mel z optima uina uibus appon̄ sūo
noie āialia cū̄cta uocabat. Miro
z effabili graudio replebat ob ca-
atoris amore z sole z luna z stellas i tuebat z eos ad catoris i
uitabat amore. Coroua ō magna fr̄ pr̄hibebat dices nolo p fr̄es
mi simplices ptē hant i caput
meo. Vir q̄da ad modū schola-
re z sibi dr s̄ācū ap scm̄ sem-
nū pr̄dicante i uenisti. Vidit ūs q̄
reuelante scm̄ s̄ācū duobus, tiisui
sic ensibz; ualde fulguuibs i modū
ctis signū q̄i uii a capite ad pedes
ali amanu p pecti tiisiusai ceude-
bat. Et z iiquam udisti, tali iudi-
tio recogn̄scōo apueti ordem te-
uit z uita ansumauit. Et cū ui
firmitate octior exstem ntinuo
i s̄uiss suadenibz p abstiuet ala-
cius sic ẃ. Nō z ab amore sūo
p hem li cōe z muscio ertie lucas

uisitatio replleuda. Cū ū fr̄ibz, ur-
get ut patet z fiuate uisne re-
medū adhibi z chyrurgus istru-
treu igue caudes i manu teuet
uir dr ait oi fr̄ igo esto i hac
hora ꝓicā z curial. precordium q̄ te
caluit ut tuū iu calore teper. Et
ly dices sig s̄ācio q̄ id edidit p̄fuda-
toq, illo i reu carue abaure uisi, ad
supcilū ullū ut retulit dolorem
sensit. Alr̄ hem scā urbam sūo dr
egritudie ualidissiā laborante ō q̄
de scm̄ nc̄ sentiens uim ꝓculū postu-
lans uisq, adceē allatū s̄ aq̄ signo
ctis edidit bidit. Or̄ox i optim̄ uiui
giusā p deserti loci paupras nō
potuit uiri scā p̄itas i pctiuit. ad
z gustū sbito gualuit. Uale-
bat de se uruput audire q̄ laude
z tō z ip iuita i eo sātaus extoll-
ent papiebat alr̄ fr̄ ut uba ipm
uilisicetia sius auribz i culcauio
ꝓferris. Nūq, fr̄ ille lr̄ iuit eū ui-
stcu z iucruaui z i utile dicit ex
hylarat dicebat. bidicat z dns
p̄ tu iuustā loq̄rio z talia me deg-
audire. Nō tā sume dr pec noli
q̄ ẃ eē. ii tū paꝑe q̄ pare. Io dico
gn̄ali caeuus octo gardianū pe-
agit au uolūtati p orā s̄ uiadci-
sik̄, z q̄ soluit erat ire sp pmitte-
bat gfeoueam z s̄ uiabat. Cū ū fr̄
q̄da lege obediē ad feasi, z pme
sig hem mir tā dr adalior̄ fr̄o-
re eū capueu i iguie pia uisit.

Franz von Assisi nennt
eine Grille «Schwester»
(linke Spalte, Z. 1–3):
*[…] cicada in ficu residens
frequenter canebat. Quam
vir dei manum extendens
vocavit dicens: Soror
mea cicada, veni ad me*
(«Eine Grille, die in einem
Feigenbaum sass, zirpte oft.
Der Mann Gottes streckte
die Hand aus und rief sie
mit den Worten: ‹Meine
Schwester Grille, komm zu
mir.›»)

Franz von Assisi und die Tiere

Die Lebensbeschreibungen des Franz von Assisi († 1226) sind voll von Geschichten über Begegnungen des Heiligen mit Tieren.[26] Die bekannteste darunter ist wohl die Vogelpredigt.[27] Sie ist in der Kunst häufig dargestellt worden, zum Beispiel in dem berühmten Fresko von Giotto di Bondone in der Basilika San Francesco in Assisi (um 1295). Die Vogelpredigt ist auch in die *Legenda aurea*, eine Sammlung von Heiligenviten des Dominikaners Jacobus de Voragine († 1298) aufgenommen worden, die hier in einer Handschrift des 14. Jahrhunderts, vielleicht aus dem Bodenseeraum, zu sehen ist:[28]

«Einmal begegnete er einer grossen Schar Vögel. Er grüsste sie, als hätten sie Verstand, und sagte: ‹Meine Brüder Vögel, ihr müsst euren Schöpfer fleissig loben, denn er hat euch in Federn gekleidet, euch Flügel zum Fliegen gegeben, die reine Luft geschenkt und lenkt euch ohne euer Zutun.› Da begannen die Vögel ihre Hälse ihm entgegenzurecken, ihre Flügel auszustrecken, ihre Schnäbel zu öffnen und ihn aufmerksam anzuschauen. Er aber ging durch ihre Mitte, und obwohl er sie mit seiner Tunika berührte, bewegte sich keiner von ihnen vom Fleck, bis er es ihnen erlaubte. Da flogen sie alle auf einmal davon.»[29]

Franziskus behandelt die Vögel als Wesen mit Verstand und spricht zu ihnen auf Augenhöhe. Die Vögel danken es ihm mit Vertrauen, indem sie ihn ganz nah herankommen lassen und selbst dann, wenn er sie mit seinem Gewand berührt, nicht davonfliegen.

Das Kapitel über Franziskus in der *Legenda aurea* enthält noch weitere Tierepisoden. Manchmal fordert Franziskus Vögel auf zu schweigen, dann nämlich, wenn sie so laut zwitschern, dass man seine Predigt nicht mehr verstehen kann oder er und sein Begleiter sich beim Singen des Stundengebets gegenseitig nicht mehr hören können.[30] Besonders aufschlussreich sind die Episoden, in denen sich Franziskus' Verbundenheit mit den kleinsten Tieren zeigt: Er sammelt Würmer vom Weg auf, damit sie nicht von den Vorbeigehenden zertreten werden. Damit die Bienen in der Kälte des Winters nicht verhungern, lässt er ihnen Honig und den besten Wein vorsetzen. Eine Grille, die in der Nähe seiner Zelle zirpt, fordert er auf, auf seine Hand zu springen und Gott zu preisen. Er spricht sie mit «Schwester Grille an», wie er überhaupt alle Tiere mit «Schwester» oder «Bruder» anredet.[31]

Dieses geschwisterliche Verhältnis des Franz von Assisi zu Tieren wird durch seine eigenen Schriften bestätigt. In ihnen bringt er seine Verbundenheit mit allen Geschöpfen, selbst mit der unbelebten Natur, zum Ausdruck. So bezeichnet er im *Sonnengesang* auch Sonne und Mond, Wind, Wasser und Feuer als Brüder und Schwestern.[32]

Nutztiere

Cornel Dora

Das Verhältnis zwischen Menschen und Tieren ist in den meisten Kulturen klar hierarchisch. Das Tier gehört demnach einer tieferen Ordnung an und wird von den Menschen deshalb fast überall als Nutztier eingesetzt. Diese Haltung kommt auch im biblischen Schöpfungsbericht zum Ausdruck, indem Gott den Menschen den Auftrag gibt: «Waltet über die Fische des Meeres, über die Vögel des Himmels und über alle Tiere, die auf der Erde kriechen!» (Gen 1,28) Man muss wohl sagen, dass die Menschen praktisch überall tatsächlich über die Tiere herrschen und sie in vieler Hinsicht nutzen.

Seit Urzeiten wurden Tiere in spirituellen Ritualen getötet, eine Praxis, die heute glücklicherweise weitgehend verschwunden ist.[33] Dagegen sind Tiere bis heute ein wichtiger Teil des menschlichen Speisezettels. Sie wurden auf der Jagd erlegt und im Verlauf der Geschichte zunehmend auch eigens dazu gezüchtet, gemästet, planmässig geschlachtet und zu Essen verarbeitet. Fast rund um die Welt bilden Tiere einen festen Teil der Kochkultur und -literatur. Dazu gehören auch tierische Erzeugnisse wie Milch oder Eier.

Freilich war der Anteil des Fleischkonsums am gesamten Konsum von Lebensmitteln früher viel geringer als heute. Fleisch war rar und viele Menschen konnten es sich nicht leisten. Es war eine Speise für Feste und für die Oberschicht. So betrachtet ist die heutige Hinwendung zum Vegetarismus und Veganismus ein Stück weit auch eine gewisse Normalisierung.

In der christlichen Kirche gab es – wie in manchen anderen Religionen – Vorbehalte gegenüber dem Fleischgenuss, die sich in strengen Fastengeboten ausdrückten. In der Benediktsregel heisst es: «Auf das Fleisch vierfüssiger Tiere sollen alle verzichten, ausser die ganz schwachen Kranken» (Kapitel 39).[34] Daraus wurde allerdings vielerorts abgeleitet, dass der Verzehr von Geflügel und natürlich auch von Fischen erlaubt sei, weil sie ja nicht vier Füsse hätten.

Im Folgenden werden nun aber nicht Kochrezepte vorgestellt, sondern wir wenden uns anderen Bereichen zu, in denen Tiere vom Menschen genutzt wurden: Damit etwa Maultiere Lasten transportieren konnten, mussten die Tierhalter sie gesund erhalten. Auch benötigte die Arbeit mit Tieren einen Rechtsrahmen. Und schliesslich zeigt das Beispiel des St. Galler Bestiarius, welch wichtige Rolle die Magie in der medizinischen Nutzung der Tiere spielte.

Die Pflege von Maultieren und Pferden in der Antike

St. Gallen, Stiftsbibliothek
Cod. Sang. 908, S. 277–292
(S. 283)
Pergament, 412 Seiten
20.5 × 13.5 cm
Italien, spätes 6. Jahrhundert (untere Schrift)

Zu den ältesten bekannten Nutztieren der Menschen gehören Pferde, Esel und Maultiere. Anders als heute galt in der Antike das Maultier, die Kreuzung einer Pferdestute mit einem Eselhengst, als besonders edles Tier, denn es vereinigt die physischen Vorzüge des Pferds, etwa Kraft und Schnelligkeit, mit den charakterlichen Vorzügen des Esels wie Geduld und Gleichmut.[35]

Aufgrund der besonderen Wertschätzung für die Maultiere wird die Pferdemedizin von den Autoren des Altertums *mulomedicina* («Maultierheilkunde») genannt. So auch in den umfangreichen *Digesta artis mulomedicinalis* von Publius Flavius Renatus Vegetius (um 383 – um 450), der sonst vor allem für seine Militärlehre *De re militari* bekannt ist.[36] Bei seiner Maultierheilkunde stützte er sich auf bestehende Werke, insbesondere von Chiron Centaurus (4. Jahrhundert) und Pelagonius Saloninus (um 300 n. Chr.), die er neu ordnete und mit seinem umfangreichen eigenen Wissen ergänzte, das er sich im Verlauf von Reisen und bei der Arbeit im eigenen Gestüt erworben hatte.[37] Buch 1 befasst sich mit verschiedenen Krankheiten, Buch 2 mit den einzelnen Körperteilen und Buch 3 mit Arzneirezepten. In der Überlieferung wurde ein ebenfalls von Vegetius verfasstes Buch 4 *De curis boum epitoma* angefügt, das sich mit dem Braunvieh befasst.[38]

Gemäss Vincenzo Ortoleva gibt es 20 Textzeugen des Werks, von denen die Fragmente in Cod. Sang. 908 (S. 277–292) die mit Abstand ältesten sind.[39] Es handelt sich um 16 Seiten im sogenannten «König der Palimpseste» der Stiftsbibliothek. Diese aussergewöhnliche Handschrift besteht aus 412 palimpsestierten Seiten, die zwei Mal oder – wie bei der *Mulomedicina* – gar drei Mal beschrieben wurden. Die älteren Schriftebenen stammen dabei durchgängig aus der Spätantike und überliefern sehr seltene und entsprechend bedeutende Text-Bruchstücke. Thematisch spannen diese einen weiten Bogen von der Bibel bis zur *Mulomedicina* von Vegetius.

Der Vegetius-Text findet sich auf der nebenstehenden Abbildung als untere Schrift quer zur Seite verlaufend. Die schöne Unziale ist wohl ins späte 6. Jahrhundert zu datieren und nach Italien zu verorten. Erhalten sind Passagen aus den Kapiteln 11 bis 17 von Buch 1.

Der abgebildete Abschnitt (Buch 1, Kapitel 17, Absatz 11–13) handelt von der bis heute vorkommenden Pferdekrankheit Rotz (lat. *morbus mallei*), die auch als Seuche auftreten kann.[40] Als Gegenmittel werden eine ganze Reihe verschiedener Arzneien empfohlen, darunter hier ein Trank mit einem Pfund Stink-Wacholder, drei Unzen Edel-Gamander, zwei Unzen Flockenblumen und je vier Unzen Pfeifenblumen, Lorbeer und Myrrhe. Dies alles soll zerstossen und zu Pulver verarbeitet werden. Bei Bedarf ist dieses Pulver dann in einem grossen Kochlöffel mit einem halben Liter warmem Wein aufzulösen und dem Tier in den Rachen zu schütten.[41]

aeſtruebant	nauib; maris ſecabant
aeſtat̄ nouice	uerno tēpore
aeſtor	pecuorer
aeſtus mariſ	acceſſus & receſſ h̄
aethcenſe	monſ ſicilie ee
aeteeſ	tempuſ
aethia	ſummee peeſr eaeli
aethiee	poſſeſſio eæli ignee·
aetherir ceſidenee	ſider̄e ethaſ̄ir plee̅gee
aethioper	gēnuſ inultimiſ aſr̄ye̅ç ſinib;
aethree	poree eeli
aeuabir	locuſq̄ inferir̄ diſcenſoreᵉ
aeuir	temporib;
aeuo	ſeeenliſ æ&æcte
aeſam igitur	ſoliſ ieuir
affecto	conloquiū
affeeteere	inuadere
affigere	uelrenere
affleeriet	eælſpirat
afflietur	oppreſſir ut exiir eſſema
agmonſ urbe	charicego̅ ē atuir condita·
agniſtelir	pſequitr ſeegit tir
agile	irceetoere
agit	pſequitur
agitat·	agit
agreeie	fugeem꞉꞉꞉ figr̄ conſiliū habēre
agmine	metū ſu

Tiere als Eigentum

In der agrarischen Welt der Germanen bildeten die Haustiere auf dem Bauernhof ein wichtiges Element des bäuerlichen Eigentums. Sie mussten vor Verlust und insbesondere auch vor Diebstahl gesichert werden. Dafür gab es Gesetze, die sicherstellten, dass Streitfälle von der Gemeinde in einer Gerichtsversammlung (Thing) unter Vorsitz eines Richters geschlichtet werden konnten. Darin wurden auch Bussen festgelegt, die an den Geschädigten zu entrichten waren (Kompositionensystem).[42]

St. Gallen, Stiftsbibliothek
Cod. Sang. 731, S. 234–292
(S. 242–243)
Pergament, 342 Seiten
22.5 × 13 cm
Lyon, Wandalgarius, 793

Zur Zeit Karls des Grossen flossen im fränkischen Reich zwei grosse europäische Rechtstraditionen zusammen, nämlich das römische Recht einerseits und die verschiedenen Stammesrechte der Germanen, die vom 5. bis zum 9. Jahrhundert in den sogenannten Legessammlungen verschriftlicht wurden, anderseits. Auch wenn die *Leges* den römischen Einfluss zeigen, so setzen sie doch andere Schwerpunkte.[43] Charakteristisch sind Reinigungseide, Gottesurteile, Zweikämpfe und Bussenkataloge.[44]

Als Beispiel für die Kompensation von Tierdiebstahl dient hier die vom römischen Recht vergleichsweise wenig berührte *Lex Salica*, die Rechtssammlung der Salfranken.[45] Sie ist in Cod. Sang. 731 in einer frühkarolingischen Fassung mit 100 Titeln erhalten. Karl Ubl vermutet, dass diese Version von König Pippin 764 auf der Reichsversammlung von Worms erlassen wurde.[46]

Der Diebstahl von Tieren wird unter den Titeln 2 bis 7 und unter den Titeln 9 und 63 nach Tierart (Schweine, Rinder, Schafe, Ziegen, Hunde, Vögel, Bienen und Pferde) geordnet behandelt.[47] Die Bussen, die neben der Rückerstattung des Diebesguts zu entrichten waren, variieren je nach Tier und spiegeln dessen Nutzen und Wert. So betrug die Busse für ein einzelnes Schwein zwischen einem Schilling für ein Ferkel und 17½ Schillingen für ein erwachsenes Schwein (Titel 2), für ein Stück Braunvieh zwischen 3 und 45 Schillingen (Titel 3), für einen Hund zwischen 3 und 15 Schillingen (Titel 6) und so weiter. Zum Vergleich: Für die Tötung einer Frau im gebärfähigen Alter betrug die Busse 600 Schillinge, für die Tötung eines Mannes je nach Stand und Tötungsart zwischen 70 und 1800 Schillingen (Titel 32 und 69).[48]

Als Beispiel für die Formulierung sei die Bestimmung zu Kranich und Schwan angeführt: «Wenn einer einen zahmen Kranich oder Schwan stiehlt, werde er 3 Schillinge ausser Wert und Weigerungsgeld zu schulden verurteilt.»[49]

Vielleicht dachte der Schreiber der Handschrift an die Abschnitte zu den Vögeln, als er die Initialen am Anfang des Kapitels auf Seite 242 verzierte. Er nennt seinen Namen, Wandalgarius, an zwei Stellen der Handschrift (S. 234 und 342) und hält auf dem letzten Blatt fest, dass er die Handschrift am 1. November 793 fertiggestellt habe.[50] Es handelt sich somit um eine der frühesten eindeutig datierten Handschriften der Schweiz.[51]

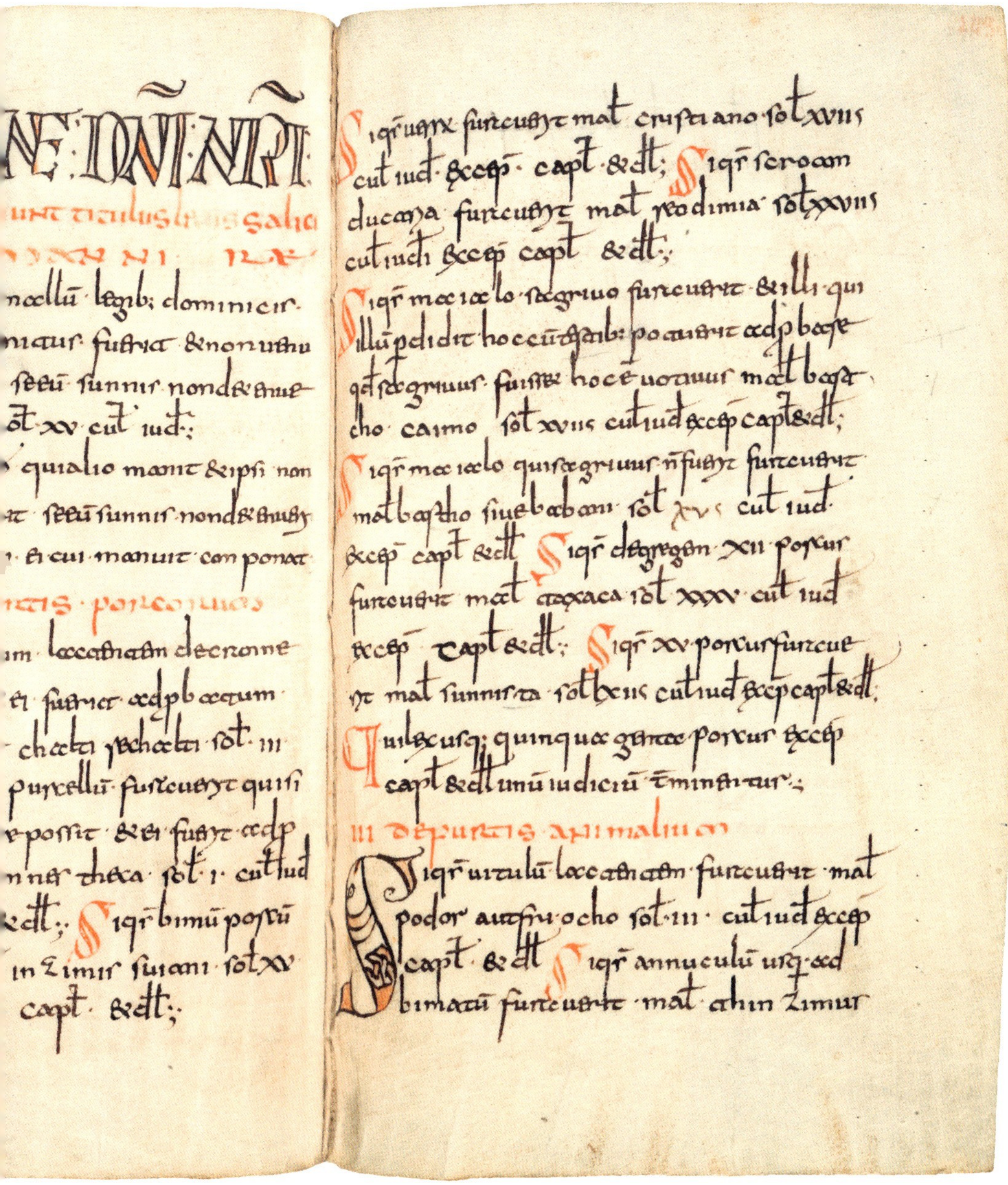
NE · DNI · NRI ·
unt titulus legis salica
nccllu legib; dominicis
matur furtuat & non uthu
sectu sunnis non d& tinue
ot xv cul iud;
equi alio manit & ipsi non
it sectu sunnis non d& thuty
i ei cui manuit componat
rtis porcorum
im lecca thactam de cernme
ti furtuet exdp b actum
chactri pr chactri sol · III
purcellu furtuerit quisi
e possit & ei furtrit excdp
nnis theca sol · I · cul iud
& ctt; Si qs bimu porcu
in Zimis suiani sol xv
capt · & ctt;
Si qs uerre furtuerit mal crispti ano sol xvIIII
cul iud · excep · capt · & ctt; Si qs scro am
ducaria furtuerit mal reodimia sol xxvIIII
cul iudi excep capt & ctt;
Si qs maiale sagriuo furtuerit & illi qui
illu perdidit hoc cu testib; po auerit excdp baste
get sacgriuus fuisse hoc e uotiuus mal baste
cho caimo sol xvIIII cul iud excep capt & ctt;
Si qs maiale qui sacgriuus n fuerit furtuerit
mal basthio siue barbam sol xv cul iud
excep capt & ctt Si qs de grege xII porcus
furtuerit mal taxaca sol xxxv cul iud
excep capt & ctt; Si qs xv porcus furtue
rit mal sunnista sol LxIIII cul iud excep capt & ctt;
Quilecumq; quinquae gentae porcus excep
capt & ctt unu iudiciu terminatur;
III DE FURTIS ANIMALIUM
Si qs uitulu lacca thactam furtuerit mal
podor aut friocho sol III · cul iud excep
capt · & ctt Si qs annuculu usq; ad
bimatu furtuerit · mal ethin Zimus

Ad maculas oculorū.
Deipsae herbæ fæceis puluæſe
cum græcia in oculos mit-
tis mæculæ qui in frō[n]te
decem dies aut xv uſtūt
inipſæ die de oculo feeras
& træhit;

FINIT BODANICUS.

Incip Libbes
tia rū noīm
Leonis quia
lias beſtias
potiſt ht̄fieſe.
Ad fæntees maſ
quide leonis carneſ
dederit fan
tes mas non
paciſt atur̄
LEONIS SANGUI nen
qui corpus ſuum uinexerit
cum totuſ demonius para
bulare poteſt.

Ad aurių dolorum
Leonis adipe ſi rammiſſum

fuerſt maiuribuſ ſtillauerū
AD ſcpione morſum
Leonen adipen ſi totum
corpuſ munexerit æd ſe
partibuſ erectuſ; eſpiat
Ad muliere mutnon con
Leccōnaut ual uam ſe
inbrachioporteeuerit
ſuſpēn ſceem infentēnno
concepit nē ſuceīſam a
nonpotiſt habere.
ad frigores.
Leonis ungula aut dōtū
ſecumporteeuerit nul
liuſ frigoreſ et nocer hoīſ
poteſt;
Addōnteſ qui mouūt
Ungulaſ leoniſ aut oſſ
buſ decepite conburſ
cum mel ſtc̄neat ſup
dōntem dolorū tollit.
AD oculorum muitia
Leoniſ tecer neſ co etas
ſup oculoſ ligæbiſ mitt

St.Gallen, Stiftsbibliothek
Cod. Sang. 217, S. 288–292
und 323–327 (S. 288)
Pergament, 342 Seiten
26 × 16 cm
Norditalien (?), 800/850

Löwenarznei

Seit jeher wurden aus tierischen Stoffen Arzneien hergestellt. Entsprechende Rezepte sind bereits aus der Antike zahlreich überliefert. Dabei spielte oft die archaische Hoffnung eine Rolle, gute Eigenschaften des Tiers für den Menschen zu gewinnen.

Die antike und mittelalterliche Medizin basierte auf der hippokratischen Viersäftelehre. Die Körpersäfte Blut, Galle, schwarze Galle und Schleim definierten die Gesundheit des Menschen. Eine leidende Person wurde zunächst aufgrund der in ihr wirkenden Säfte analysiert, dann wurde daraus eine auf sie zugeschnittene Therapie oder ein entsprechender Heilmittel-Cocktail abgeleitet.[52]

Der St.Galler Bestiarius ist eine frühmittelalterliche Sammlung von Rezepten aus tierischen Zutaten. Der Text ist in kürzerer Form auch in zwei wesentlich späteren Handschriften in London (British Library, Harley 4986, 11./12. Jh.) und Wien (Österreichische Nationalbibliothek, Cod. 187, 13./14. Jh.) überliefert.[53]

Der unbekannte Autor listet insgesamt 27 Tiere mit den jeweiligen Indikationen und den dazugehörenden Rezepten auf, beginnend mit 17 Säugetieren (Löwe, Stier, Wildpferd, Hirsch, Reh, Bär, Ziegenbock, Hase, Fuchs, Wildschwein, Welpe, der noch nicht die Augen geöffnet hat, Wolf, Esel, Wiesel, Maulwurf, Siebenschläfer,[54] Spitzmaus) und gefolgt von zehn Vogelarten (Adler, Greifvogel, Geier, Pfau, Hahn, Taube, Gans, Rebhuhn, Rabe, Schwalbe). Sowohl die Auswahl der Tiere als auch die Anwendung sind kulturhistorisch interessant. Zudem fällt auf, dass die Magie in der damaligen Medizin eine grosse Rolle spielte.

Der Text beginnt mit dem Löwen. Ihm werden acht Heilwirkungen zugesprochen: gegen Trugbilder, Dämonen, Ohrenleiden, Schlangenbiss, Empfängnis, Erkältung, Zahnweh und Augenleiden. Die ersten fünf sind hier beispielhaft angeführt:[55]

1. Gegen Trugbilder. Wer vom Fleisch des Löwen gegessen hat, wird nicht von Trugbildern heimgesucht. 2. Wer seinen Körper mit Löwenblut einstreicht, kann mit allen Dämonen sprechen. 3. Gegen Ohrenschmerzen. Wenn geschmolzenes Löwenfett in die Ohren geträufelt wird, hat das einen wunderbaren Effekt. 4. Gegen Schlangenbisse. Wer den ganzen Körper mit Löwenfett einstreicht, ist sicher vor Schlangen. 5. Zur Verhütung der Empfängnis der Frau. Wenn sie die Milch der Löwin trinkt oder deren Gebärmutter am Arm hängend trägt, empfängt sie kein Kind und kann auch keine Hysterie haben.[56]

Cod. Sang. 217 ist eine Sammelhandschrift mit verschiedenen Teilen, die alle in der Zeit des ausgehenden 8. und beginnenden 9. Jahrhunderts entstanden sind. Neben drei medizinischen Traktaten – dem St.Galler Bestiarius, dem St.Galler Botanicus und dem Handbuch eines oberitalienischen Wanderarztes – enthält sie im ersten Teil die *Regula pastoralis*, eine weit verbreitete Anleitung Gregors des Grossen (um 540–604) für die Seelsorge.[57]

3

Tiere ergründen

Andreas Nievergelt

Die europäische wissenschaftliche Beschäftigung mit den Tieren besitzt in den zoologischen Werken von Aristoteles (384–322 v. Chr.) einen kolossalen Ausgangspunkt. Freilich schöpfte auch Aristoteles schon aus den Arbeiten gelehrter Vorgänger, aber die überragende Bedeutung seiner Tierkunde liegt darin, dass sie den ersten abendländischen Versuch darstellt, das einzelne Lebewesen in wissenschaftlicher Art zu beobachten und zu beschreiben. Seine Systematik, die wesentlich auf dem Studium der Anatomie aufbaut, unterscheidet bereits Wirbeltiere und Wirbellose und in diesen die Untergruppen der Säugetiere, Vögel, Reptilien, Amphibien, Fische, Mollusken und weitere.

Aristoteles' Werke wurden im 9. Jahrhundert, oft vermittels des Syrischen, fast vollständig vom Griechischen ins Arabische übertragen. In der Folge entstand in der arabischen Welt ein umfangreiches aristotelisches Schrifttum, bestehend aus Kommentaren sowie direkt von Aristoteles beeinflussten Abhandlungen. Zahlreiche dieser Texte wurden ab dem 12. und 13. Jahrhundert ins Lateinische übersetzt, manche gleichzeitig mit den ersten Direktübertragungen aus dem Griechischen, manche noch vor diesen. Bei der Übermittlung von Aristoteles' Tierkunde aus dem Arabischen gehört der Philosoph Michael Scotus zu den massgeblichen Akteuren.[58]

Wo Wissensvermittlung über Sprachenwechsel verläuft, haben die volkssprachigen Übersetzungen eine Sonderstellung inne. Sie gehen meist mit einem Adressatenwechsel einher und richten sich an ein Publikum, das bei der Verbreitung eines Textes allein in der Gelehrtensprache ausgeschlossen würde. Volkssprachige Fassungen tragen deshalb oft auch Züge einer Einstiegslektüre und enthalten häufig zusätzliche Erklärungen wie Glossen und Kommentare. Im Ringen um die adäquate Wiedergabe von wissenschaftlichen Begriffen entsteht hier erstmals ein volkssprachiger Fachwortschatz.

Das Übersetzen ging in der Regel mit einer auch inhaltlichen Überarbeitung einher. Der Autor Konrad von Megenberg erwähnt Aristoteles in seinem *Buch der Natur* zwar auf Schritt und Tritt und nennt ihn unter den «hohen maistern» an erster Stelle.[59] Das Konzept seiner Tierkunde folgt aber dem Wissenschaftsverständnis des christlichen Mittelalters und entwirft eine symbolische Zoologie, in der die Tiere als religiöse Allegorien moralische Belehrung konstituieren. Der Leser wird über die Naturbeobachtung hinaus zur Heilserkenntnis geführt.[60]

Mit Anbruch der Neuzeit erscheinen – in deutlicher Nachfolge von Aristoteles – enzyklopädische Darstellungen, die von einer breit auflebenden naturkundlichen Forschung profitieren. Mit Conrad Gessners Tiergeschichte tritt universelle Naturbeobachtung an die Stelle der transzendentalen Sichtweise und wird die Grundlage für die moderne Erforschung der Tierwelt gelegt.

Ein gewundener Weg durch mehrere Sprachen

St. Gallen, Stiftsbibliothek
Cod. Sang. 836, S. 4
Pergament, 209 Seiten
24 × 17 cm
Ende des 13. Jahrhunderts

Aristoteles' zoologische Schriften gelangten auf zwei verschiedenen Wegen in das lateinische Mittelalter. Im 13. Jahrhundert wurden – unabhängig voneinander – zwei lateinische Übersetzungen geschaffen. Die frühere verfertigte um das Jahr 1220 der Philosoph, Astronom und Astrologe Michael Scotus (etwa 1180 – etwa 1235).[61] Die spätere schuf 1260 der flämische Geistliche Wilhelm von Moerbeke (1215–1285). Während von Moerbeke die Abhandlungen aus dem Griechischen übersetzte, benutzte Scotus eine Fassung in arabischer Sprache. Diese gliederte sich – in Übereinstimmung mit dem griechischen Text – in 19 Bücher, die sich auf die drei Teile *Historia animalium*, *De partibus animalium* und *De generatione animalium* verteilen. Zwei weitere Traktate von Aristoteles' tierkundlichem Gesamtwerk, *De motu animalium* und *De progressu animalium*, fehlen und scheinen in der arabischen Überlieferung nicht bekannt gewesen zu sein.[62] Auch Scotus behielt die Aufteilung der Vorlage bei; seine *Libri de animalibus* bestehen ebenfalls aus 19 Büchern.

Die arabische Übersetzung aus dem Griechischen, die Scotus benützte, war vermutlich zu Beginn des 9. Jahrhunderts angefertigt worden.[63] Der dafür verwendete griechische Text muss daher um einiges älter gewesen sein als jede heute noch existierende Handschrift. Damit können Scotus' *Libri* grundsätzlich eine unabhängige Texttradition repräsentieren.[64] Schon die Übertragung aus dem Griechischen ins Arabische hatte eine tiefgreifende sprachliche Umgestaltung erfordert. Die spezifische Grammatik, beispielsweise des Verbalsystems, und die rigorose Satzbauregelung des Arabischen hatten eine wörtliche Übersetzung aus dem Griechischen ausgeschlossen. Scotus, dem sich die Probleme erneut stellten, gelang das Kunststück, sich eng an das Arabische zu halten und gleichzeitig weitschweifiges Beiwerk als hinzugekommen zu erkennen und zu entfernen. Aber er erlaubte sich auch verfälschende Weglassungen, was ihm später Kritik eintrug.[65]

Von grosser Tragweite für die tierkundliche Wissensvermittlung waren die Unterschiede zwischen den Laut- und Schriftsystemen der drei beteiligten Sprachen. Bei der Transkription von Namen führten sie zu beträchtlichen Komplikationen. Auf dem Umweg durch eine nicht-indogermanische Sprache mit einer eigenen Schriftentwicklung erfuhren sowohl die Bezeichnungen als auch die Beschreibungen der Tiere grössere und kleinere Umbildungen. Bald änderten sich nur die Namen, aber die Tiere blieben dieselben; bald wurden den Tieren bei bleibendem Namen neue Erscheinungsbilder und Eigenschaften zugeschrieben.[66]

Scotus' Werk ist in über sechzig mittelalterlichen Handschriften erhalten; darunter stammen viele noch aus dem 13. Jahrhundert. Zu diesen gehört auch Codex 836 der Stiftsbibliothek St. Gallen.[67]

[Column 1]

in nomine domini nostri iesu
xpi. Hic incipit liber de proprietatibus rerum compositus
a fratre B. de glanuilla or-
dinis fratrum minorum...

[Medieval Latin text in heavily abbreviated Gothic script — two columns of scholastic natural-philosophical prose concerning the parts and properties of animals, their similarities and differences in form, flesh, feathers, color, and figure.]

Das Buch der Natur – «ein ergötzliches Gemisch»

St. Gallen, Stiftsbibliothek
Cod. Sang. IIII, S. 95
Papier, 528 Seiten
28.5 × 20 cm
Südwestdeutschland,
1450/1475

In der Mitte des 14. Jahrhunderts verfasste der Weltpriester Konrad von Megenberg (1309–1374) sein *Buch der natürlichen Dinge,* das später und vor allem dann in den Drucken *Buch der Natur* genannt wird. Es basiert auf dem rund 100 Jahre älteren *Liber de natura rerum* des Thomas von Cantimpré, eines Schülers des Universalgelehrten Albertus Magnus. Das *Buch der Natur* wird oft als die älteste Naturgeschichte in deutscher Sprache bezeichnet, was nicht korrekt ist, sondern nur für das Hochdeutsche gilt,[68] denn schon 1270 übertrug Jacob von Maerlant die lateinische Vorlage in mittelniederländische Verse.[69] Konrad von Megenberg, der zu den fruchtbarsten Schriftstellern seiner Zeit gezählt wird, verfasste seine Schriften überwiegend in Latein. Ausnahmen bilden die deutsche Übersetzung eines astronomischen Elementarlehrbuchs von Johannes de Sacrobosco und das *Buch der Natur,* dessen erster Fassung (1350) Konrad eine stark überarbeitete zweite folgen liess (1358/1362).[70]

Mit seinen deutschen Schriften richtete sich Konrad von Megenberg an ein nichtwissenschaftliches Publikum mit unzureichenden Lateinkenntnissen und machte damit breiten Kreisen erstmals naturkundliches Wissen zugänglich.[71] Die grosse Anzahl an erhaltenen Handschriften[72] gibt einen eindrucksvollen Widerschein von dem grossen Interesse, mit dem ein vor allem städtisches Publikum dem Werk begegnete, das noch während 200 Jahren als eines der beliebtesten deutschen Bücher gelten sollte.

Konrads Kompendium handelt vom menschlichen Körper, von Himmelskörpern, Tieren (denen «Meerwunder» beigesellt sind), Pflanzen, Steinen, Metallen und Wunderdingen. Seine Fassung ist keine reine Übersetzung der Vorlage, sondern gekennzeichnet von einer Neugliederung, Umordnung und Änderung des Stoffs mithilfe zahlreicher Weglassungen und Ergänzungen. Die Tiere behandelt Konrad im dritten Teil. Hier nimmt er gegenüber dem Original die umfangreichsten Kürzungen vor und lässt im Durchschnitt etwa ein Drittel weg.[73] Für die Ergänzungen bedient sich Konrad bei Aristoteles, Plinius, Isidor von Sevilla und anderen Autoren. Weitere Zusätze enthalten eigene, teilweise volkstümliche Erlebnisse und Vorstellungen. Der Germanist Johann Andreas Schmeller charakterisierte den Inhalt als «ein ergötzliches Gemisch von gesundem Verstande und frommer Gläubigkeit, wie sie noch damals in den ausgezeichnetsten Köpfen vereint waren».[74]

Die Stiftsbibliothek St. Gallen besitzt mit Cod. Sang. IIII eine Papierhandschrift, die im dritten Viertel des 15. Jahrhunderts im niederalemannischen Raum von drei Händen geschrieben wurde und spätestens seit dem 18. Jahrhundert in der Stiftsbibliothek St. Gallen nachweisbar ist.[75] Die Abbildung zeigt einen Ausschnitt aus dem Kapitelverzeichnis zum Teil mit den Tieren.[76]

Vnd [r]ege do sy sas
ce dz sy beide zuo stein
worde[n] ware[n] ❧ Das
ander ist das dik mit de[m]
eedbidem herusz us dem
erder varent nebeln vnd
flame[n] vor ein stat oder
ein dorff schramer ❧ Das
geschicht dauon dz das
ertrich inwendig bru̇net
vnd das es inwendig
swebelig ist ❧ Das dritt
dz dik mit dem eedbidem
usz der erde vert sand
vnd staub dz eein gantz
dorff verschuter dz ist
dar vonde[n] dz ertrich in
wendig sandig ist vnd
mo[l]lig vnd dz es oben
ein vesty starcky rinden
haut die den tunst vast
halt vnd beschlu[s]t dz er
nit usz gestehliche mag
❧ Das vierd ist dz der
tunst dik so kranck ist
dz er dz ertrich nit gestech=
[i]teln mag vn dz er ein
nu[n] seht vber por sam
schet damne wid nider
Also geschicht dik vnder
der wasser die vest grund
habene vn so v̇ grund
er hept werde ❧ Do fluss

das wasser usz da von komet
dik gro[s] griss usz de[n] berge[n]
an recre wasser von der
wind[e] vnd usz de[n] runste[n]
de[n] beh ceh ebent vnder
der wasser verspru[n]g in
den bergen hie har dz vnd
stuk des buoches ein ende ist

DE TIGRIDE.

A.

TIGRIS uocabulum est linguæ Armeniæ. nam ibi & sagitta, & quod uehementissimum flumen, dicitur Tigris, Varro de ling. Lat.   Tigris uocata est propter uolucrem fugam. sic enim nominant Persæ & Indi sagittam, Isidorus. Medi tigrin sagittam appellant, Perotrus. & Eustathius in Dionysium.   Munsterus in Dictionario suo trilingui uocem ‏גיר‎ gir, & girera, sagittam interpretatur.   In eodem opere hanc feram Hebraicis literis eiusdem soni, qui bus Latina & Græca est, scribit, ‏טגריס‎, tigros. item ‏עלאי‎, alai. sic enim legendum puto. ipse puncta uocalia non adiecit.   ‏ליש‎, laisch, Iob quarto. Septuaginta uertunt μυρμηκίων (uidetur legendum μυρμηκολίων:) Hieronymus tigris. Sed leonem magnum & prouectæ ætatis hac uoce significari, docuimus in Leone A.   A Iudæis φοράδ uocatur animal, quod tigris à Græcis, Hesychius, Varinus. Hoc animal quia Europæ peregrinum est, omnes in ea populi tum barbari, tum Latini Græciq́, uno & eodem nomine peregrino utútur. Ab Italis tigre uel tigra in recto singulari scribitur. A Gallis masculino genere ung tigre, à nobis neutro, tigertbier, hoc est, tigris animal.   Tigres uulgò dictas non uerè tigres, sed thóas maiores esse aliqui putant, ut dicam in B. ex Arriano.   Mantichoram Pausanias in Bœoticis, tigrin esse coniicit: ego leucrocutam potius, ut inter animalia hyænæ congenera declaraui.

B.

Leones & tigrides in regionibus ad Orientem & Austrum nascuntur, quod maiorem caloris copiam hæc animalia desyderent, Cælius.   Tigres in India sunt & iuxta rubrum mare, Philostratus.   Asangæ Indiæ populi (ultra Gangen) tigrifera scatent, Plinius. Ptolemæus Besingos Perimu leis ultra Gangen uicinos tigribus infestari plurimis scribit.   Megasthenes in Prasijs tigres gigni leonibus ferè duplò maiores tradit, Strabo.   In Taprobane tigrides & elephanti capiuntur, Solinus.   Inter tigrium epitheta apud poëtas, Armenias & Hyrcanas legimus.   Tigrin Hyrcani & Indi ferunt, Plinius.   Tigridum millia multa apud Hyrcanos cernuntur, Ammianus Marcellin. Hyrcansa fœta est tigribus, Solinus.   Apollonius (inquit Philostratus libr. 3.) dextra quidem Gangem, sinistra uerò Hyphasin fluuium habens, ad mare descendit cum socijs. Descendentibus autem multæ feræ, & inter cæteras tigres occurrerunt.   In parte Syriæ contermina reperiuntur leones & pardales, & qui Babylonij uocantur tigres, Diodorus. Post Barygazam continens ad Austrum pertingens Dachinabades uocatur: quæ supra hanc est mediterranea regio ad Orientem, mótes magnos continet, & omnigena ferarum genera, pardales, tigres, &c. Arrianus in Periplo rubri maris. Colonus Hispanus ex Hispania soluens ab Oriente in Occidentem diebus 26. Hispaniolam insu-

Iam

Conradi Gesneri medici
Tigurini Historiae
Animalium Lib. I. de
Quadrupedibus uiuiparis,
Zürich: Froschauer, 1551.

St. Gallen, Stiftsbibliothek
Band 22494, S. 1060

Conrad Gessners monumentale Tiergeschichte

Das Leben des Universalgelehrten Conrad Gessner (1516–1565)[77] fällt in die Kulturepoche der Renaissance und die Ereignisse der Reformation und damit in eine Zeit des Aufbruchs, die bedeutende Auswirkungen auch auf die Entwicklung der Naturwissenschaften zeitigte. Der junge Gessner ging am Carolinum zur Schule, einer theologischen Bildungsstätte am Zürcher Grossmünster, deren Unterricht auf das Studium alter Sprachen und der griechischen und lateinischen Literatur konzentriert war. In Gessners Lausanner Jahren (1537–1540) zeigte sich seine Entwicklung zum Naturforscher, als er mit seinen Schülern Pflanzenexkursionen durchführte. 1541 verfasste Gessner eine Pflanzenkunde, die noch ausschliesslich auf antikem Wissen basierte. 1545 gelangte er in den Besitz einer Handschrift mit Aelianus' Tiergeschichten *(De natura animalium)*, die er später erstmals in ihrer griechischen Originalsprache veröffentlichte.

1551–1558 erschien Gessners *Historia animalium* in vier Bänden.[78] Sie wurzelt systematisch in der Zoologie des Aristoteles und war als Teil eines naturgeschichtlichen Monumentalwerks geplant, das die gesamte Schöpfung umfassen sollte.[79] Das Tierbuch zeugt vom hohen Anspruch, eine zoologische Grundlage universellen Ausmasses zu schaffen. Der Autor sammelte alle verfügbaren Materialien in breitester Fächerung und sicherte gleichzeitig der eigenen, unmittelbaren Naturbeobachtung ihren festen Platz. Die vielleicht bahnbrechendste Leistung stellt Gessners Nomenklatur dar, Frucht nicht nur eines unermüdlichen Studiums von naturgeschichtlichen Handschriften und Drucken, sondern auch einer riesigen brieflichen Korrespondenz. Viele der bei Gessner festgelegten lateinischen Tierbezeichnungen werden auch heute noch in der Zoologie verwendet. Grossen Wert legte der Autor – selber geübter Zeichner – zudem auf die Illustrierung. Die Bilder, die möglichst naturgetreu zu sein hatten, trug er mit der Hilfe zahlreicher Freunde zusammen. Ausser im lateinischen Hauptwerk veröffentlichte er die Bilder auch in separaten Bilderbüchern, den *Icones animalium*.

Der Autor strukturierte den Inhalt der *Historia animalium* alphabetisch und widmete den einzelnen Tieren in mehrere Kapitel gegliederte Artikel, die, wie im Falle des Pferdes, bis zu 176 Seiten lang sein können.[80] Die Abbildung zeigt den Anfang des Artikels zum Tiger, mit Bild und den ersten beiden Kapiteln. Das erste handelt von den Bezeichnungen des Tiers, das zweite von seiner Herkunft, Anatomie und Lebensweise. In den sprachlichen Ausführungen des ersten Kapitels treffen althergebrachte Methoden der Etymologie auf neuartige philologische Herangehensweisen, beispielsweise sprachverwandtschaftliche Beobachtungen, die weit in die Zukunft der vergleichenden Sprachwissenschaft vorausweisen.[81]

Drachen und wilde Tiere

Franziska Schnoor

Sucht man in einem Online-Kreuzworträtsellexikon nach «Drachen-töter», bekommt man auf den meisten Webseiten zwei Lösungen angeboten: Georg und Siegfried.[82] Dieses Ergebnis zeigt, wie stark die Rolle Siegfrieds als Drachentöter noch heute im deutschspra-chigen Raum präsent ist. Dass das schon im 13. Jahrhundert der Fall war, als das Nibelungenlied verfasst wurde, sieht man an der Art und Weise, wie Siegfried dort als Drachentöter präsentiert wird.

Auch in vielen Heiligenlegenden kommt der Kampf gegen einen Drachen vor.[83] Dass dieser eine so prominente Rolle in den Heiligenleben spielt, erstaunt nicht, verkörpert er doch schon in der Bibel den Teufel und wird als solcher vom Erzengel Michael bezwungen (Offb 12,7).[84] So steht der Drache als Verkörperung des Bösen im Gegensatz zu den Heiligen, die das Gute repräsentieren. Der Kampf gegen ihn kann gerade im Frühmittelalter als Sinnbild für den Kampf gegen das Heidentum und für die Bekehrung der Heiden zum Christentum interpretiert werden. Drachen können aber auch für die Wildnis stehen, ihr Bezwingen für das Urbarma-chen der Wildnis. Schliesslich können sie auch menschliche Laster verkörpern, die im Drachenkampf überwunden werden.[85] Für den Kampf findet man in den Legenden verschiedene Taktiken: Man-che Heilige, wie zum Beispiel Georg oder der Erzengel Michael, kämpfen ritterlich und mit scharfen Waffen gegen den Drachen, während andere nur mit dem Zeichen des Kreuzes bewaffnet sind. Einige töten den Drachen, andere zähmen oder verbannen ihn.[86]

Von Drachen ist auch im Gedicht *De imagine Tetrici* von Walahfrid Strabo die Rede. Walahfrid schildert, wie sie gemeinsam mit Schafen, Hirschen, Bären, Löwen, Panthern, Nashörnern und Elefanten friedlich im Gehege Ludwigs des Frommen zusammen-leben könnten. Diese Verse sind allerdings kein Beweis dafür, dass der Kaiser einen Zoo besass. Vielmehr beschreibt Walahfrid den Frieden im Tiergehege als politisches Gleichnis für einen anzustre-benden Zustand des Friedens. Dass es in karolingischer Zeit aber tatsächlich exotische Tiere in Aachen gab, wissen wir aus den Reichsannalen. Sie belegen, dass Karl der Grosse im Jahr 802 einen Elefanten namens A'bul-Abbas als Geschenk des Kalifen Hārūn ar-Raschīd erhielt.[87] Dieser Elefant könnte im Wildpark bei der Aache-ner Kaiserpfalz gelebt haben.[88] Er zeigt, welche wichtige Rolle Tiere im Mittelalter als Repräsentationsobjekte und in der Bezie-hung zwischen Herrschern spielten. Die Strategie, gute Beziehun-gen zu anderen Staaten durch Geschenke wertvoller Tiere her-zustellen – heute vor allem als die «Pandadiplomatie» Chinas bekannt – ist mithin keineswegs eine Erfindung der Neuzeit.

verfinden ir fult mich wizzen lan. mit
wi getanen liften ich daz fol vnderften.
ich wil & hvte immer riten vnd gen.
Si fprach dv bift min mach vnd ich pin
der der din. ich bevilhe dir mit triw
en den lieben wine min. daz zu mir
wol behvteft den min holden man. fi
fligt in chvndiv mære div bezzer wær
en verlan.
Si fprach min man ift chvne vnd dar zu
ftarch genvch. do er den luttrachen an dem
berge fluch. ia badete fich in dem plote
der rech vil gemeit. da von in fit in
fturmen nie dehein waffen verfneit.
Iedoch pin ich inforgen fwenn er in ftrite
ftat. vnd vil der ger fchvzze von helden
hande gat. daz ich da verliefe den minen
lieben man. hey waz ich grozzer forge
vmbe Sifriden han. diche
Ich melde iz vf genade vil lieber vrivnt
min. daz dv dine triwe behalteft ane
mir. da man da mach verhowen den mi
nen lieben man. daz laz ich dich horen
deft vf genade getan.
Do von des trachen wnden vloz daz hei
ze blvt. vnd fich dar inne badete der
chvne riter gvt. do viel im zwihffen
di herte ein linden blat vil breit. da
mach man in verfniden des ift mir for
gen vil bereit.
Do fprach von Tronege hagene vf daz
fin gewant. net ir im ein chleinez ceich
en da ift mir bi bechant. wa ich in
mvge behvten fo wir in fturme ftan.
fi wanden helt do vriften ez was vf
finen tot getan.
Si fprach mit chleinen fiden næ ich vf
fin gewant. ein tovgenlichez criuce
da fol helt din hant. den minen man
behvten fo ez an di herte gat. fwenn
er in den fturmen vor finen vienden
ftat.
Daz tvn ich fprach do hagene vil liebiv
vrowe min. do wand ovch des div
vrowe ez fold im vrvme fin. do was
da mit verraten der Criemhilde man
vrlovp nam do hagene do gie er vro
liche dan.
Des chvneges ingefinde was allez famt
gemvt. ich wæne immer recke mer
dehein er tvt. fo grozer meinrate fo
da von im er gie. do fich an fine tri
we Criemhilt div chvngeinne lie.
Des andern morgens mit tvfent finer

man. reit der herre Sifrit vil vrolichen
dan. er wand er folde rechen der finer
vrivnde leit. hagen im reit fo nahen daz
er gefchowete div chleit.
Alfer gefach daz pilde do fchiet er tovgen
dan. di fageten ander mære zwene finer
man. mit vride folde beliben daz bvn
thgres lant. vnd fi hete Livdger zu dem
chvnige gefant.
Wi vngerne Sifrit do hin wider reit. ern
het etewaz er rochen finer vrivnde
leit. wand in vil chvm erwanden di fin
theres man. do reit er zu dem kvnige
der wirt im danchen began.
Nv lon iv Got des willen vrivnt Sifrit
daz ir fo willechliche tvt des ich iwch
bit. daz fol ich immer dienen alfo ich von
rehte fol. vor allen minen vrivnden fo
getrwe ich iv wol.
Nv wir der herverte ledich worden fin.
fo wil ich iagen riten bern vnd fwin.
hin dem walfchem walde als ich vil dike
han getan. daz het geraten hagene
der vil vngetriwe man.
Allen minen geften fol man daz fagen.
daz wir vrv riten di weilen mit
mir iagen. daz fi fich bereiten di aber
hie beftan. howflen mir den vrowen
daz fi mir liebe getan.
Do fprach der herre Sifrit mit herlich
em fite. fwenne ir iagen riter da wil
ich gerne mite. fo fvlt ir mir lihen ei
nen fvchman. vnd etelichen bracken
fo wil ich riten in den tan.
Wert ir niht nemen einen fprach der kv
nich ze hant. ich lih iv welt ir viere den
vil wol ift bechant. der walt vnde
ovch, ftige da div tier hine gant. die
iwch niht fvr wife een herbergen riten
lant.
Do reit hv finem wibe der recke vil ge
meit. fchiere hete hagene dem kvnige
gefeit. wir gewinnen wol den tiwerlich
en degen. fvs getaner vntriwe folde nie
mer man gepflegen.
Sifriteeer vnd
hagene di recken vil balt. lobten
mit intrwen ein pirfen in den walt
mit ir fcharffen geren fi wolden ia
gen fwin. bern vnd wifende waz mohte
chvners gefin.
Da mit reit ovch Sifrit inherlichem fite. ma
niger hande fpife fvrte man in mite. zei
nem chlaten brvnnen verlos er fit den lip.

Siegfried, der Drachentöter

Dass Siegfried der Drachentöter schlechthin ist, war schon dem Publikum des Nibelungenlieds bewusst. So lässt sich jedenfalls die Tatsache interpretieren, dass Siegfrieds Kampf mit dem Drachen im Nibelungenlied nur in zwei kurzen Rückblicken geschildert wird. Der Autor kann die Begebenheit als bekannt voraussetzen und muss sie deswegen nicht in allen Einzelheiten beschreiben.

Zum ersten Mal wird der Drachenkampf in der 3. Aventiure erwähnt. Als Siegfried mit einem grossen Gefolge an den Hof des Burgundenkönigs Gunther kommt, um dessen Tochter Kriemhild als Braut zu werben, kennt ihn dort niemand. Hagen von Tronje soll Gunther erklären, mit wem er es zu tun hat. Er vermutet, dass der Anführer der Schar Siegfried ist, von dem er gehört hat. Er berichtet Gunther von Siegfrieds Drachenkampf: «Ich weiss noch mehr von ihm. Einen Lindwurm hat der Held erschlagen. Er badete sich in dem Blut. Da wurde seine Haut zu Horn. Deshalb verletzt ihn keine Waffe. Das hat sich oft gezeigt.»[89]

In der 15. Aventiure kommt der Kampf gegen den Drachen noch einmal zur Sprache, dieses Mal etwas ausführlicher. Hagen von Tronje gibt vor, er wolle Siegfried im Krieg schützen und müsse deshalb wissen, ob dieser irgendwo verwundbar ist. Kriemhild vertraut ihm daraufhin ein Geheimnis an: «Mein Mann ist kühn, dabei sehr stark. Als er den Drachen bei dem Berg erschlug, badete der stolze Held in dessen Blut. So hat ihn seither nie ein Schwert im Kampf verwundet. […] Als das heisse Blut aus der Drachenwunde floss und der kühne, tapfere Ritter darin badete, da fiel ihm zwischen die Schulterblätter ein grosses Lindenblatt. Da kann man ihn verwunden. Das macht mir viele Sorgen.»[90]

Auch einem Bären begegnet Siegfried, und zwar bei der Jagd mit Gunther.[91] Auf dem Rückweg zum Lager stören er und seine Gefährten einen Bären auf. Siegfried fesselt ihn und bringt ihn als Unterhaltung für die Krieger zum Lagerfeuer, wo er den Bären loslässt. Der erschreckt sich, tapst durch die Küche, verjagt Küchenjungen, stösst Kessel um und zerstreut das Herdfeuer. Der König lässt zwar die Hundemeute los und die tapfersten Männer verfolgen den Bären mit Bogen und Spiessen, aber weil so viele Hunde durcheinanderlaufen, kann niemand schiessen. Nur Siegfried schafft es, den Bären mit dem Schwert zu erschlagen. Siegfried zeigt in dieser Szene seine Stärke, wenn auch nicht unbedingt höfisches Verhalten, da er mit dem Bären Chaos anrichtet. Darüber hinaus bringt die Bärenepisode ein unterhaltsames Element in das Epos.

Die ausgestellte Handschrift wurde als Nibelungenhandschrift B zusammen mit zwei anderen Manuskripten des Nibelungenlieds, die sich in Karlsruhe und München befinden, von der UNESCO 2009 zum Weltdokumentenerbe erklärt.

Der heilige Magnus tötet Drachen und zähmt Bären

St. Gallen, Stiftsbibliothek
Cod. Sang. 602, S. 187
Papier, 522 Seiten
28.5 × 20.5 cm
St. Gallen, 1451–1460

Magnus tötet den Drachen
in Rosshaupten.

Der bekannteste Heilige, der einen Drachen getötet haben soll, ist wohl der heilige Georg (vgl. S. 45). Hier soll aber nicht Georg vorgestellt werden, sondern der heilige Magnus, der «Apostel des Allgäus». Gemäss seiner Vita, die allerdings einige chronologische Ungereimtheiten aufweist, war er ein Schüler des Gallus.[92] In seiner Lebensbeschreibung kommen gleich zwei Auseinandersetzungen mit drachenartigen Tieren sowie mehrere Begegnungen mit Bären vor.

In Kempten trifft Magnus auf die Riesenschlange Boa, die schon viele Menschen getötet hat. Furchtlos nähert er sich ihr, nur mit einem Kreuz und dem Kolumbansstab, den er von Gallus erhalten hat, bewaffnet. Er beschwört die Schlange im Namen Christi, stösst ihr den Krummstab ins Haupt, und sogleich zerbirst sie und ist tot. Die anderen Schlangen, die in Kempten hausen, ergreifen die Flucht. Magnus und sein Begleiter Theodor bleiben eine Woche in Kempten, predigen und taufen viele Leute.[93]

In Rosshaupten bezwingt Magnus einen Drachen, der dort an einem Engpass den Weg versperrt: Er bekreuzigt sich, steckt ein Stück geweihtes Brot in den Mund, nimmt einen Schluck Wasser und nähert sich dem Drachen. Dieser stürzt sich sogleich auf ihn. Magnus schleudert ihm das Pech und Harz in den Rachen und ruft Gott um Hilfe an. Sofort fängt der Drache an zu brennen, bricht auseinander und verendet.[94]

In der Magnusvita ist das Überwinden der Boa und des Drachen unschwer als Metapher für die Heidenmission und für das Bewohnbarmachen der Wildnis zu sehen.[95] Rosshaupten war eine wichtige alemannische Kultstätte im Allgäu. Funde von Pferden ohne Köpfe, die in alemannischen Gräbern mitbestattet wurden, lassen annehmen, dass dort dem Gott Wotan Pferde geopfert wurden.[96]

Auch mehreren Bären begegnet Magnus. Anders als die Drachen müssen sie aber nicht ihr Leben lassen, sondern der Heilige zähmt sie und macht sie sich zu Diensten: Einem Bären, der ihm seine Äpfel streitig machen will, teilt er einige Apfelbäume zu, die übrigen muss das Tier in Ruhe lassen. Ein anderer Bär hilft Magnus, eine Erzader auszugraben. Indem Magnus die wilden Tiere bezähmt, erweist er seine Macht als Heiliger. Darüber hinaus nehmen die Bären-Episoden Bezug auf die Viten von Kolumban und Gallus, dienen also auch dazu, Magnus als Nachfolger dieser beiden Heiligen zu legitimieren.

Die abgebildete Seite stammt aus einer Handschrift mit den deutschen Viten der Heiligen Gallus, Otmar, Wiborada und Magnus. Conrad Sailer, ein St. Galler Stadtbürger, schrieb den Codex zwischen 1451 und 1460 für die Beginengemeinschaft von St. Georgen oberhalb von St. Gallen. Umfangreiche Bilderzyklen machten die Viten auch für die Frauen, die nicht lesen konnten, zugänglich.

hend mit mir ſin engel als er
tet Thobye ſinem knecht Do
mich erlöſe vo dem mund diſ
es trakens vn erzögt uns die
ſtat die bekümlich ſy den hail
ſame begriden An do er diſe
wort geſpüch Do zaichnet er
ſüch mit dem zaichen des hail
igen cruges Vnd man von
dem geſegnota brot in ſinen
mund von aim klain waſſers
vn alſo kam er zu der ſtat
da der trak lag vn lieſſ all

ſin geſellen in dem tabernacul
oder in der hütten untz an aine
Der in den weg zögte Als
in der trak geſach Do
ſtund er bald uf vnd machte
ain ſturm ober in Vnd er hatt
in der hand bech vn ſchwebel
vn warff im in den mund vnd
ſach Herr min got hilff mir
Vnd als er dz geſprach Bald
do vieng an der trak ze brin
en vnd zerſpielt vn wz tött
Als nun der dz ſach der mit

Templa regis·fundata sacris rex magne lapillis·
Quorum pensa pater quondã tibi magnus adauxit
Aurea cui ludunt summis simulacra columnis·
Cuius ad ingeniũ non confero dogma platonis·
Lacte fluis & melle simul·petraeq, sequentis
Larguris latices· vndis pharaone necato·
Laudibus altithronum·celebras p̄ saecula patrem·
Digna loco cui semp erunt spectacula amoeno·
Hinc magnũ salomonis opus·hinc templa supremis
Structuris equanda micant·specularia subter
Dant insigne nemus·uiridiq, uolantia prato
Murmura riuorum·ludunt pecudesq, feraeq,
Yri cum ceruis·timidis cum caprea dammis·
Si quoq, deinde uelis·saltabunt rite leones·
Yrsus aper·panthera lupus·linces·elephanti·
Rinoceros tigres venient domitiq, dracones
Sortiti commune boumq, ouiumq, uirectum

St. Gallen, Stiftsbibliothek
Cod. Sang. 869, S. 150
Pergament, 260 Seiten
16.5 × 13 cm
Kloster St. Gallen, 850/900

Paradiesische Verhältnisse im Wildpark Ludwigs des Frommen?

Von Drachen und Bären ist neben vielen anderen Tieren auch im Gedicht *De imagine Tetrici* («Das Standbild des russigen Dietrich») des Reichenauer Mönchs Walahfrid Strabo († 849) die Rede.[97] Das Gedicht ist ausschliesslich in der hier gezeigten Handschrift überliefert, die in der zweiten Hälfte des 9. Jahrhunderts[98] in St. Gallen geschrieben wurde und Walahfrids gesammelte dichterische Werke enthält.

Es handelt sich bei *De imagine Tetrici* um Walahfrids erste dichterische Arbeit für den kaiserlichen Hof unter Ludwig dem Frommen (Kaiser 813–840), an den er nach einem Studium in Fulda im Jahr 829 mit nur 21 Jahren berufen wurde. Das Gedicht beschreibt ein Reiterstandbild des Gotenkönigs Theoderich des Grossen († 526), das Karl der Grosse 801 von Ravenna nach Aachen hatte bringen und zwischen Palast und Hofkirche aufstellen lassen. Walahfrid äussert sich kritisch über die Statue Theoderichs, schliesst dann aber ein Lob auf die Mitglieder des kaiserlichen Hofs an. Auch die Umgebung des Hofs beschreibt er: «Die Fenster eröffnen den Blick auf einen wunderschönen Hain und eine grüne Wiese, in der Bäche murmelnd dahineilen; dort spielen Vieh und Wild, Auerochsen mit Hirschen, das Reh mit dem furchtsamen Damwild. Wenn du es schliesslich wirklich willst, werden dort Löwen auf ihre gewohnte Weise springen, Bär, Eber, Panther, Wolf, Luchse, Elefanten, Nashorn und Tiger und zahme Drachen werden kommen, verteilt auf das Grün, das den Kühen und Schafen gemeinsam ist. Alle Tiere werden dort sein, ihre Streitigkeiten werden ruhen, und aus dem Wipfel der Eiche werden die Vögel mit fröhlichem Schnabel singen und lieblich zwitschern.»[99]

Wenn man diese Verse flüchtig liest, könnte man zu der Annahme kommen, dass Ludwig der Fromme einen richtiggehenden Zoo besass.[100] Doch muss man die Zeiten der Verben beachten: Nur das Zusammenleben von Vieh und Wild ist in der Gegenwart beschrieben. Tatsächlich gibt es für einen Wildbann, also ein grosses umzäuntes oder sogar ummauertes Gehege in der Nähe der Kaiserpfalz in Aachen, verschiedene literarische und historische Belege.[101]

Die paradiesischen Verhältnisse mit dem friedlichen Beisammensein von Raubtieren, Drachen, Schafen, Hirschen, Elefanten und Nashörnern im Tiergehege sind dagegen im Futur geschildert, sind also Zukunftsmusik. Walahfrid greift dabei auf eine Prophezeiung des Jesaja zurück (Jes 11,6–8), für den das friedliche Miteinander aller möglichen Tiere ein Zeichen des kommenden Friedensreichs des Messias ist.[102] Ein ähnliches Friedensreich erhofft Walahfrid sich von Ludwig dem Frommen, und er fordert mit seinem Gedicht den Herrscher auf, für stabile und friedliche politische Verhältnisse zu sorgen – keine einfache Aufgabe in der politisch turbulenten Zeit der späten 820er Jahre.[103]

5

Tiere und Menschen

Cornel Dora

Sind Tiere und Menschen gleichwertig? Dürfen wir sie töten, um ihr Fleisch zu essen, sie zu opfern oder anderweitig zu nutzen? Dürfen wir sie zur Arbeit verwenden, einsperren und züchten? Was ist, wenn wir von einem Tier angegriffen werden? Die Beantwortung dieser ethischen Fragen hängt letztlich davon ab, ob Tiere und Menschen der gleichen Ordnung angehören oder ob sie wesenhaft verschieden sind.

In der Antike haben sich zahlreiche Denker mit dem Thema auseinandergesetzt. Platon (428/427–348/347 v. Chr.) bescheinigte den Tieren, dass sie eine Seele hätten, sah sie aber in Vernunft und Moral als minderwertig an. Aristoteles (384–322 v. Chr.) akzentuierte diese Sicht, indem er schrieb, dass die Pflanzen «um der Tiere willen da sind und die Tiere um der Menschen willen».[104] Diesem Bild schlossen sich die Stoiker an. Sie stellten sechs Eigenschaften fest, die den Menschen vom Tier unterscheiden: 1. Gotteserkenntnis, 2. historisches und kausales Bewusstsein, 3. Freiheit im Handeln und im Urteil, 4. Freiheit zur Wahl zwischen Gut und Böse, 5. Affekte, 6. Sprache.[105]

Ähnlich trat auch der einflussreiche christliche Kirchenvater Augustinus (354–430) für die in der Vernunft begründete Überlegenheit des Menschen gegenüber den Tieren ein. Er sah in ihnen aber gleichzeitig Geschöpfe Gottes, die viele Eigenschaften und Fähigkeiten mit den Menschen teilen.[106] Diese Haltung wurde im Mittelalter übernommen, etwa von Thomas von Aquin (1225–1274).[107]

Es gab dagegen immer auch Positionen, die das Tier als dem Menschen ebenbürtig einstuften. So forderte Empedokles (6. Jahrhundert v. Chr.) aufgrund der Reinkarnationslehre das Verbot von Tieropfern. Von Pythagoras (um 560 – nach 510 v. Chr.) wird berichtet, dass er aus dem gleichen Grund den Vegetarismus verteidigte.[108] Für Plutarch (um 45 – um 125 n. Chr.) war nur das Töten feindlicher oder schädlicher Tiere statthaft.[109] Und der führende neuplatonische Denker Plotin (205–270) war aus ethischer Überzeugung Veganer.[110]

Dass die Grenzen zwischen Mensch und Tier verschwimmen können, zeigen die Mischwesen, die sich aus zwei oder mehr Teilen verschiedener Lebewesen zusammensetzen. Entsprechende Darstellungen sind aus der frühesten Zeit der Menschheit überliefert. Kentauren, Meerjungfrauen und Sphinxe (Menschenkopf und Tierrumpf), aber auch Dämonen (Tierkopf und Menschenbeine) üben bis heute Faszination aus.[111]

Eine andere Grenzüberschreitung ist die Verzauberung von Menschen in Tiere. Dabei behalten sie jeweils ihre menschliche Identität, nehmen aber die äussere Gestalt des Tiers an. Im Aktaeon-Mythos liegt uns ein besonders vielschichtiges und zugleich tragisches Beispiel dafür vor.

Vernunftlose Lebewesen

St. Gallen, Stiftsbibliothek
Cod. Sang. 177, S. 25
Pergament, 462 Seiten
37.5 × 29 cm
Auxerre, Umfeld des
Bischofs Heribald, um 850

Vom Kirchenvater Augustinus (354–430) gibt es viele Aussagen zur Frage der Gemeinsamkeiten und Verschiedenheiten von Tieren und Menschen.[112] Grundsätzlich ist für ihn das Tier ein Geschöpf Gottes, das im Rahmen der natürlichen Ordnung von Gott gewollt und deshalb schön und bejahenswert ist. Gemeinsam mit dem Menschen ist ihm vor allem die *anima sentiens* (Gefühl) und die *anima irrationalis* (Trieb). Mit den beiden verbunden sind die Sinneswahrnehmung, das Erinnerungsvermögen, der Selbsterhaltungstrieb, der Nachahmungstrieb, das Streben nach Zuträglichem und das Vermeiden des Abträglichen sowie das Verlangen nach Ruhe und Frieden.[113]

Allerdings spricht Augustinus wie die meisten Philosophen der Antike den Tieren die Fähigkeit zur Vernunft ab, über die der Mensch verfügt. Diese befähigt uns unter anderem zum Erfassen der Wahrheit, zur freien Willensentscheidung, zur Wissenschaft oder zur Suche nach Gott. Weil Tiere dazu nicht in der Lage sind, gibt es nichts Böses in ihnen und sie können im Unterschied zu den Menschen auch nicht sündigen. Augustinus stellt zudem fest, dass es Tiere mit Vorzügen gegenüber den Menschen gibt, etwa durch grössere Körperkraft, Schnelligkeit, äussere Schönheit und bessere Sinnesorgane.[114]

Die strukturelle Tieferstellung der Tiere gegenüber den Menschen entwickelt Augustinus unter anderem beiläufig in seinem Hauptwerk *De civitate dei*. Im Zusammenhang mit dem Verbot, Menschen zu töten, ergänzt er, dass sich dieses Tötungsverbot nicht auf Tiere erstrecke und setzt «die vernunftlosen Lebewesen, die fliegenden, schwimmenden, laufenden, kriechenden» auf die Stufe der Pflanzen, «weil sie uns nicht durch die Vernunft gleichgestellt sind».[115]

Der Mensch überragt also die Tiere durch seine Vernunft. Das zeigt sich gemäss Augustinus schliesslich auch in seinem aufrechten Gang. Es ist seine Bestimmung, sich vom Irdischen zu lösen und den Blick nach oben zu richten.[116] Denselben Gedanken finden wir auch bei Xenophon, Ovid und im letzten Gedicht der *Consolatio Philosophiae*, das Boethius (um 480–524) als zum Tod Verurteilter im Kerker schrieb:[117]

> «Einzig können der Menschen Geschlechter höher den Scheitel heben,
> Recken leichte Glieder und blicken so auf die Erde nieder.
> Hat nicht irdischer Sinn dich gefesselt, dann mahnt dich dieses Gleichnis:
> Der erhobenen Hauptes zum Himmel du mit der Stirne aufschaust,
> Trag die Seele auf zum Erhabenen, dass nicht niedre Schwere
> Tiefer als den aufrechten Körper dir deine Seele ziehe.»[118]

Die vollständige Handschrift von *De civitate dei*, Cod. Sang. 177, ist gemäss einem Eintrag auf den Seiten 452–453 im Umfeld des heiligen Bischofs Heribald von Auxerre (Bischof 829–857) entstanden. Sie gelangte wenig später nach St. Gallen, wo sie im ältesten Bibliothekskatalog (um 860/865) erwähnt ist.[119]

inquit testimonium fidices aduersus
pximum tuum; Nec ideo tam siad
uersus seipsum quisquam falsum tes
timonium dixerit. Ab hoc crimine
seputauerit alienum qñ regulam
diligendi pximum a semetipso dilec
tor accepit quandoqdem scriptuest
diliges pximum tuum tamquam te
ipsum. porro si falsit testimonii nemi
nus reuisit qd de seipso falsum fatet
quam si aduersus pximum hoc fa
ceret cum in eo pcepto quo falsum
testimonium phibet aduersus pxi
mum phibeatur. possit q; ñ recte
intellegentib; uideri ñ eé phibitu
teaduersus seipsum quisq; falsus tes
aradsistat: quanto magis intelle
gendum est ñ licere homini seip
um occidere. cum in eo qd scrip
tumest ñ occides nihilo deinde
addito. nullus ne cipse utiq; cuipci
oit intellegat exceptus. unde qui
dam hoc pceptum etiam in bestias
acpecora conant extendere. uti;
ioce nullum etiam illop liceat occi
dere; cur ñ ergo etherbas etquic
quid humo radicitus alit acfigit
nam et hoc genus rerum quiaueis
isentiat dr uiuere hac ph hoc potest

et moriz; pinde etiam cum utitasad
hibet occidi. Unde etaptr cum de
huiuscemodi seminib; loqueretur
tu inquit qd seminas ñuiuificat
nisi moriat. et in psalmo scriptuest
occidit uiteseop ingrandine
num igit pob hoc cum audimus
ñ occides uirgultum uellere ne
fas ducimus. etmanichaeop
errop insanissime adquiescimus;
hisigit deleram ur remotis cum
legim ñ occides si ppterea ñacci
pimus hoc dictum eé desructec
tis q anullus eis sensus est. nec de
inrationabilib; animantib; uo
latilib; natatilib; ambulatibus
reptilib; q anulla nob ratione
sociant qm ñ eis datum est nobcum
habere communem. unde iustis
sima ordinatione creatorit ecui
ta etmoiseop ñri usib; subdi
tur: restat ut de homine intelle
gam qd dictumest. non occides;
nec alterum ergo nec te; neq; eñ
qui se occidit aliud quam homi
nem occidit; quasdam uero ex
ceptiones eadem ipsa diuina feé
auctoitas: utñ liceat homine
occidi; sed his exceptis quos dr

Porro sagittarius scorpione oriente ascendit. quo ascen
dente occidit orion. & cephei manus. In cuius signi regi
one zodiacus circulus humillimus ē. ppt equina crura. qui
dā negant dicentes. Nūquā centaurus sagittis usus
fuisse. sositheus aut illū adfirmat filiū illū musarum
fuisse habet stellas in capite. Iaculū aut ex quo dicunt.
omnes cignus abapolene intfectus. eo qd iouis fulmen
fugati fecissent. qd & absconditū ferr ad aquilonē. & p
acta ac potius sedata lite adsumptū. & ad pedes sa
gittarii inter astra conlocatū. habet stellas.

Ɔ sagittariū nonnulli centaurū fuisse
autumant.

Aquilā sane int sidera ɔlocatā fabule fingunt ppt
ioue. qd cū du oms uolucres int se diuiderent. eā in por

Das Sternzeichen Schütze als Kentaur

In der europäischen Kulturgeschichte finden wir zahlreiche sonderbare Mischwesen, die mindestens teilweise ins Tierreich gehören.[120] Ein in der griechischen und römischen Antike besonders weit verbreiteter Typus war der Kentaur. Auf griechischen Vasen wurde er seit der Mitte des 7. Jahrhunderts vor Christus mit einem Pferderumpf und einem menschlichen Oberkörper dargestellt.[121] Das drückt ein Spannungsverhältnis aus: Hier tierische Naturkraft und Triebhaftigkeit, dort Sensibilität und menschliche Vernunft.

In der griechischen Gesellschaft hatte die Auseinandersetzung mit dem Wesen der Kentauren didaktischen und gelegentlich auch propagandistischen Charakter. Das Spektrum war weit, vom Ausgleich der Triebe durch Anstand über die Darstellung feindlicher Barbaren bis zum Ausdruck fröhlicher Wildheit im Gefolge des Weingottes Dionysos. Für die Zeit gegen Ende des 5. Jahrhunderts vor Christus ist indirekt erstmals eine weibliche Kentaurin belegt.[122]

Mit dem Aufkommen des Christentums wurde die antike Sagenwelt zurückgedrängt. Viele Mischwesen blieben jedoch in symbolischen Kontexten erhalten, insbesondere in der Sternkunde. Eine sehr schöne Zeichnung eines Kentauren finden wir in Cod. Sang. 250, einer astronomisch-komputistischen Sammelhandschrift aus dem letzten Viertel des 9. Jahrhunderts. Er illustriert den Abschnitt zum Sternzeichen des Schützen im darin enthaltenen *Aratus Latinus*, der lateinischen Fassung der *Phainomena* von Aratos von Soloi (um 320–245 v. Chr.).

Dieser schwer verständliche Text zur Sternenkunde kursierte im westfränkischen Raum seit der Mitte des 8. Jahrhunderts in zwei Fassungen, dem sogenannten *Aratus latinus* und der sprachlich verbesserten *Aratus latinus recensio interpolata*.[123] Eine illustrierte Vorlage des Werks aus dem Raum Reims-Corbie muss um die Mitte des 9. Jahrhunderts in St.Gallen in Cod. Sang. 902 kopiert worden sein. Diese Version wurde um 875/900 in Cod. Sang. 250 abgeschrieben. Dabei wurden die 45 Illustrationen ausserordentlich kunstsinnig in brauner Tinte abgezeichnet.[124] Nach Anton von Euw ist in der Handschrift teilweise der Einfluss von Sintram, dem Schreiber des Evangelium Longum, sichtbar.[125]

In den Zeichnungen finden wir mehrere Mischwesen (S. 489 Pferd mit Flügeln [Pegasus], S. 497 unten Steinbock als Ziegenbock mit Fischschwanz, S. 498 Kentaur, S. 500 Delphin mit Hundekopf, S. 504 Ungeheuer mit Hundekopf und Fischschwanz, S. 507 Kentaur mit zwei Beutetieren).

Das Sternzeichen des Schützen (*sagittarius*) wird durch einen Kentauren mit Hörnern in elegantem gestrecktem Galopp dargestellt. Er spannt seinen Bogen und ist mit einem wehenden Mantel bekleidet. Man spürt, dass die Darstellung idealisiert und symbolisch ist. Die dahinterstehenden Geschichten waren nicht mehr präsent. Es ging um die Sterne.[126]

c etera paulatim placidoq[ue] eluctat[a] teuore

t ora pateut innoq[ue] veterr i margine ponit

T erris hoste noua cadm[us] cape arma parabat

n e cape de pplo qui tra creuerat un[us]

E xclamat nec te cuiul[as] usere bellis

A tq[ue] ita urigentis ruydo de stirb[us] unu[m]

c omin[us] ense ferit ideluce cadit emin[us] ipse

h unc quoq[ue] qui leto dederat n[on] longi illo

v uill[us] regpirat in quas acceperat auras

E xemploq[ue] part[us] suru[m] omnis turba suoq[ue]

A arce cadunt subiti p[re]uuruia uilita f[rat]r[es]

l atq[ue] huis uite spacui sortita iuuent[us]

s anguinea tepido palsabaut pectore matre[m]

Q uinq[ue] sup[er]stitib[us], quoq[ue] fuit un[us] echion

l i sua iecta humo monitu troinidis arma

E raueq[ue] fide pacis petitra dederu[n]t

h oc op[us] comites habuit sidoni[us] hospes

c u[m] posuit iussus phebeus sceptis urbe[m]

I am stabant thebe potat ita eadme uideri

E xillo felix socerr t mart[e] uenitiq[ue]

c ontigerant huc adde gen[us] de coniuge taura

T ot nat[us] natasq[ue] pignorq[ue] cara neporu[m]

h os quoq[ue] iam iuuenes s[ed] scilicet ultima semp[er]

E xpectanda dies homini est dicuq[ue] beatu[m]

A n obieru[m] nemo suppmaq[ue] funera deby

P rima nepos inr[er] tot res res t cadme sec[un]das

c ausa fuit luct[us] alienaq[ue], cornua fronti

A ddita uolosq[ue], canes saciati sanguine herili

A t bene si queras fortune emen in ullo

N onscel[us] muenies quod emi soel[us] erra[n]t habebat

M ons erat infect[us] uariaru[m] cede ferar[um]

I amq[ue] dies medi[us] rer[um] corece[r]at umbras

T sol exequio medio distabat utriq[ue]

c u[m] iuuenis placido pdeuur[m] rura uagantes

p articeps opi[us] co[m]pellat thinceus ore

l ina madent comiter ferruq[ue], cruoce ferar[um]

E ortunaq[ue] dies huit sati[s] alta luce

c u[m] croceis inuecta inuecta rois aurorea reduce[n]t

E positu[m] repetem[us] op[us] n[on] pheb[us], uti[que]

D istat tre[m] terra findit[que] uaporib[us] arua

S istite op[us] p[re]sens nodosaq[ue] tollite lina

l ulla uiri faciunt u[er]mittunt[que], labore

v allis erat piceis racuta d[en]sa cupsso

N omine gargaphie succinera sac[re] diane

c ui[us] inextremo e[st] antru[m] nemorale recellu

A rte laboratu[m] nulla simulauit arte

I ngenio iat[us] suo na[m] pumice uiuo

E t leuib[us] tophis natiuu duxerat arcu[m]

E ons sonat ad[ex]ttra tenuit pluci[us] unda

O arguit gemineo paculos uncuet hiat[us]

h ic dea siluar[um] uenatu fessa solebat

v irgineos arti[us] luydo p[er]fundre rore

Q uo p[osteaqua]m subitt nyphar[um] tradidit uni

a rmige[r]e uecul[us] pharetra[m] areq[ue], recentes

h asta de posite subiec[re] brachia palle[re]

v nda duc[e] demunt pedib[us], na[m] doctiecilla

I smeni[us] trocales spars[os] p cella capillos

c olliq[ue] inmodu[m] ch[ri]m uss erat ipsi soliti[us]

E xcipiunt lance nymphe balo[que], ianisq[ue]

y psecas y halo fundiq[ue], capacib[us], urnis

v aq[ue], ibi plure[s] solita typania hypha[m]

E cce nepos cadmi dilata parto labore

p neni ignotu[m] n[on] certu[s] passib[us], errant

u eni ututeu[m] sic ille illu[m] sua fata ferebat

c simul utticit romuuia fonub[us], antra

s ic erant nude uiso sua pectora nyphe

p cussere uiru[m] subitisq[ue], uilulatib[us], omne

I mpleuere nem[us] ecumfusq[ue], diana

c orpib[us], texere sui[s] m[eu]n altior illis

I psa dea e[st] colloq[ue], ten[us] sup emin[et] omn[es]

Q color inferci adusi soli[s] ab ictu

n ubib[us], ee soli[s] aut spurte[us] aurore[s]

t s fuer inuulu uiss[e] sine ueste diane

Q ue q[ua]q[uam] comitu fila stipata suaru[m] e[st]

I nlat[us] obliqua m[eu]n ad stitit omaq[ue], retro

F lece uuet uelly pntas habuisse sagittas

Q s hauit sic hausit aqu[m] uultuq[ue], uirilem

f udit spargentia comas ultcib[us], undas

A ddiduc hoc diclu[s] pnuncia ubi fiture[m]

E t ubi me posse uisu uelamine narre[s]

s i poteris narrare lice nec plura minetu[m]

D at sparso capiti uiuaci cornua cerui

a t spaciu[m] collo su[m]ma[que], caeumnat aures

c u[m] pedib[us], q mani[us] cu[m] longis brachia mutat

c urrib[us], z uelat maculoso uelle corp[us]

A ddit z paua e[st] fug[e] aucomei hero[es]

v se ta celeri[s] cursu mirat in ipse

v t u nube[m] z cornua uidit inunda[m]

M e miseru[m] dicturr[us] erat uox nulla secuta e[st]

I ngemuit uox illa fuit lacrimeq[ue], pora

N sua fluxere men[us] tautu[m] pstina manisit

Q d faciat repeta[t] nedomo[s] adregia tecta

A n lateat siluis pudor hoc aemor iped illud

D u dubitet uide canes pnuy melamph[us]

I nnobatesq[ue], sagax latru sigra ddere[n]t

c nosi[us] innobates[s] spartana gente melamp[us]

I nde ruunt alii rapida ueloceis aura

p amphag[us], z dorceu[s], z oribas z arcbades onu[s]

Aktaeon wird zum Hundeopfer

Dass Menschen und Tiere in ihrem Wesen vielleicht gar nicht so unterschiedlich sind, zeigt sich auch in den Geschichten, in denen der eine in das andere verzaubert wird. Im Märchen des Froschkönigs wird ein garstiger Frosch zu einem schönen Prinzen, als ihn die Prinzessin an die Wand wirft. Oft reden auch Tiere wie Menschen miteinander, etwa im Märchen vom Wolf und den sieben Geisslein oder in den seit der Antike bekannten Fabeln.

Solche Verwandlungen finden auch in einigen Mythen der Antike statt, allerdings meist in die umgekehrte Richtung. Oft werden dadurch positive Fähigkeiten der Tiere übertragen, etwa Stärke, Weisheit, Heilung oder Fruchtbarkeit.[127] Wichtig ist dabei, dass trotz der Verwandlung die Identität der Person, ihre Fähigkeit zu fühlen und zu denken, erhalten bleibt. So nimmt Zeus die Form eines Stiers an, um die asiatische Königstochter Europa durch Stärke zu gewinnen, oder die eines Schwans, um Leda zu bezirzen und mit ihr Helena zu zeugen.

Wenn Magie im Spiel ist, kann es auch schlimm enden. Ein tragisches Beispiel dafür ist die Geschichte des griechischen Helds Aktaeon, die Ovid in seinen *Metamorphosen* (Buch 3, Verse 138–252) erzählt.[128] Aktaeon wurde vom Kentauren Chiron aufgezogen und zum Jäger ausgebildet. Eines Tages schickt er nach einer erfolgreichen Jagd seine Gefährten mit den Hunden nach Hause. Auch die Göttin der Jagd, Diana, erholt sich von der Pirsch. Sie badet in einer Quelle in der Nähe. Aktaeon tritt nichtsahnend in die Grotte und sieht die nackte Göttin. Sie wird wütend, besprengt seine Augen mit Wasser und verwandelt ihn in einen Hirsch:

«Ohne weiter zu drohen, lässt sie ihm gleich am beträufelten Haupt das Geweih eines lebenskräftigen Hirsches erwachsen; sie zieht ihm den Hals in die Länge, spitzt ihm die Ohren, vertauscht ihm mit Füssen die Hände, mit langen Schenkeln die Arme und zieht um den Leib ihm ein fleckiges Hirschfell.»[129]

Nur der Verstand bleibt Aktaeon erhalten. Verzweifelt ruft er «Ich Elender» (*Me miserum,* rechte Spalte, 10. Zeile von unten). Als seine Gefährten mit den Hunden zurückkehren, stürzen diese sich auf ihn und zerfleischen ihn. Ovid nennt nicht weniger als 36 Hunde mit Namen: Aello, Agre, Argiodus, Alce, Asbolos, Canache, Cyprius, Dorceus, Dromas, Harpalos, Harpyia (mit zwei Söhnen), Hylactor, Hylaeus, Ichnobates, Labros, Lachne, Lacon, Ladon, Laelaps, Leucon, Lycisce, Melampus, Melanchaetes, Melaneus, Nape, Nebrophonos, Oresitrophos, Oribasos, Pamphagos, Poemenis, Pterelas, Sticte, Therodamas, Theron, Thoos, Tigris.

Eine Abschrift der *Metamorphosen* ist in der Schulhandschrift Cod. Sang. 866 aus der ersten Hälfte des 12. Jahrhunderts erhalten. Starke Gebrauchsspuren bezeugen die intensive Benutzung. Auf dem letzten Blatt berichtet eine spätere Federprobe von einem Erdbeben am 4. September 1298.

Tiere als Symbole

Franziska Schnoor

Tiere als Symbole sind im Mittelalter allgegenwärtig. Während die symbolische Deutung von Tieren in «naturwissenschaftlichen» Werken der *Physiologus*-Tradition, in der Einleitung zur Sprache kommt, sollen hier drei weitere Orte, wo Tiere eine übertragene Bedeutung annehmen, herausgegriffen werden: die Bibel, Heraldik und Fabeldichtung.

In illuminierten Evangelienhandschriften sind die vier Evangelisten jeweils mit ihrem Symbol dargestellt. Drei der Symbole sind Tiere: der Löwe (Markus), der Stier (Lukas) und der Adler (Johannes). Sie gehen auf Wesen in einer Vision des Propheten Ezechiel zurück, die in der Offenbarung des Johannes wieder aufgegriffen und von den Kirchenvätern den Evangelisten zugeordnet wurden.

Tiere sind ein beliebter Bestandteil von Wappen, auf denen sie einen Grossteil der sogenannten gemeinen Figuren ausmachen. Besonders häufig kommen Löwen, Bären, Leoparden, Adler, Kraniche, Delphine, Widder oder Stiere, aber auch Fabelwesen wie Greif, Einhorn oder Drache vor. Der Löwe als der «König der Tiere» kann beispielsweise symbolisch für die Stärke und Macht eines Herrschers stehen und schmückt daher besonders häufig die Wappen von Königshäusern.

Die Fabel ist eine literarische Gattung, in der Tiere wie Menschen sprechen und handeln. Eine Fabel besteht in der Regel aus einem Bildteil – der Fabelerzählung – und einem Auslegungsteil, in dem die Handlung der Tiere auf die Menschenwelt übertragen und gedeutet wird. Das tierische Personal von Fabeln hat meistens gewisse stereotype Eigenschaften: Der Fuchs ist listig, der Löwe mächtig, der Bär stark, aber auch dumm, der Wolf böse, das Lamm das unschuldige Opfer.

Dass die handelnden Personen Tiere sind, ermöglicht dem Autor, Missstände zu benennen, ohne Kritik an konkreten Personen üben zu müssen. Er schützt sich damit vor Bestrafung. Ulrich Boner, dessen Fabelsammlung *Der Edelstein* hier vorgestellt wird, ist mit seiner Kritik allerdings manchmal sehr deutlich. So nutzt er etwa die Fabel vom Hund, der sein Stück Fleisch verliert, als er nach dessen Spiegelbild im Bach schnappt, zu einem Rundumschlag gegen die Habgier in allen Gesellschaftsschichten. Dabei macht er auch vor seinem eigenen Stand, der Geistlichkeit, nicht Halt:

«Habgier hat Sympathisanten in der Burg, im Dorf und in der Stadt. Der Schutzherr, der Schultheiss und der Ratsherr mit seinen Gerichtsboten, der Amtmann und der Richter, der Anwalt und der Staatsrat, der Zolleinnehmer und der Pförtner, der Hirte und der Feldhüter, Geistliche, Laien, Jung und Alt, Mönche, Nonnen in grosser Zahl, der Bischof und der Kaplan, der Abt, der Probst und der Dekan: was immer man auch (von ihnen) erzählt oder sagt – sie alle leben in Habgier.»[130]

ꝑter legimur cum corpore denudo adsumptur Incœl
Dūr eleuatur est a sua uirtute, quia nec ꝑ concubitum
zenrcur. nec ꝑ concubitum zenerant. sed & uirzinen
est; In hoc ablatur est. quia ꝑ con cubitum zenerant;
liar. cum cur̃ro raptus ē. quia ꝑ con cubitum zen̄
ꝑ̃ on ꝑ concubitum zenerant quia uirzo ꝑmansit;

EXPLICITSEC̃DOMARC

MARCUS LEO LVC

INCIPIT SECO LVCAOI

Lucas ipse consurzens sirus nacione Antio ce
sir Arte medicus dirpulur apostulorum s̃&u
est paulum secutur dō sine crimine numqua
habur uxorem; LXXIIII Annorum obiit ba
plenur spū sc̃o sepultur est Inconstarua nopoli

XII

Evangelistensymbole

Die Symbole der vier Evangelisten gehen auf die Vier Lebenden Wesen zurück, die in der Vision des Ezechiel und der Offenbarung des Johannes geschildert werden.

In der Vision des Ezechiel sehen die Vier Lebenden Wesen gleich aus und haben jeweils vier Gesichter: «Ich schaute und siehe: Ein Sturmwind kam von Norden, eine grosse Wolke und ein unaufhörlich aufflammendes Feuer, umgeben von einem hellen Schein. Und […] mitten aus dem Feuer […] erschien eine Gestalt von vier lebenden Wesen. Und dies war ihr Aussehen: Sie hatten eine Menschengestalt. Vier Gesichter waren an jedem und vier Flügel hatte ein jedes von ihnen. […] Die Gestalt ihrer Gesichter aber war: ein Menschengesicht, ein Löwengesicht bei allen vier nach rechts, ein Stiergesicht bei allen vier nach links und ein Adlergesicht bei allen vier» (Ez 1,4–6 und 10).

In der Offenbarung des Johannes werden sie hingegen als vier verschiedene Wesen beschrieben: «Und in der Mitte des Thrones und rings um den Thron waren vier Lebewesen voller Augen, vorn und hinten. Das erste Lebewesen glich einem Löwen, das zweite einem Stier, das dritte sah aus wie ein Mensch, das vierte glich einem fliegenden Adler» (Offb 4,6–7).

Die Kirchenväter interpretieren diese Wesen als Symbole der vier Evangelisten, wobei die Zuordnung anfangs schwankt, bevor sich die Deutung des Hieronymus († 420) durchsetzt: Matthäus = Mensch, Markus = Löwe, Lukas = Stier, Johannes = Adler.[131] Hieronymus erläutert sie im Prolog zu seinem Matthäus-Kommentar: «Das erste Gesicht, das eines Menschen, bedeutet Matthäus, der gleichsam über einen Menschen zu schreiben beginnt: ‹Buch des Ursprungs Jesu Christi, des Sohnes Davids, des Sohnes Abrahams›, das zweite [bedeutet] Markus, bei dem man die Stimme eines Löwen hört, der in der Wüste brüllt: ‹Stimme eines Rufers in der Wüste: Bereitet den Weg des Herrn! Macht gerade seine Strassen›; das dritte, das eines Kalbs, bedeutet den Evangelisten Lukas, der beim Priester Zacharias seinen Anfang nimmt; das vierte [bedeutet] den Evangelisten Johannes, der auf Schwingen eines Adlers in die Höhe eilt und das Wort Gottes erörtert.»[132]

Der hier abgebildete Löwe als Symbol für Markus steht in einer Handschrift mit dem Evangelienkommentar des Pseudo-Hieronymus. Der Codex wurde vermutlich um 810/820 im Kloster St-Amand bei Lille geschrieben. Die Bilder sind im Kommentar etwas willkürlich angeordnet – der Adler leitet zwar den Abschnitt über Johannes ein (S. 66), aber der Stier steht zwischen den Abschnitten zu Johannes und Markus (S. 88) und der Löwe folgt auf die Ausführungen zu Markus.

Die von Baldengk mit stifftar S Urban
in Underwalden Lehenhin lassen
Gar Walther von Baldegk Ritt 1295
Lucernensis in der
Graffschafft Rottenburg
gelegen.

Die von Vestenstein Lempürt in
schafft Lanzburg ob
wyl gelegen mit stifftar
Lempolt zu einsidlen

Burg Vestenstein
ist brochen

Porten
S Ur
vide
fol 2

Ex Sigillo ar
ma

Ex Sigi

Die frey herren von Balm Lehenpint
In der Graffschafft willisauw, Lehenschafft
graff von Lintzgi gelegen abgestorben
mit stifftar S Urban

Die von Venenstoß mit stifft

Burg Balm ist gebrochen

Inter Scultz tale Sigillum
pidon der Balm frei
Sed saltem leo arectus
et non arma divisa

Schwartz

Ex Sigillo arma
Sed nulla linea p
medium Alias schilt gelb die in halt weißlin Lucern
Schwartz

Ex Sig

Wappentiere

Wappen sind etwa im zweiten Viertel des 12. Jahrhunderts entstanden. Sie entwickelten sich aus dem Bedürfnis, gepanzerte Krieger eindeutig unterscheiden und im Kampf einer der beiden Seiten zuordnen zu können. Als Fläche für ein weithin sichtbares Wappen bot sich vor allem der Schild an, darüber hinaus auch der Helm und die Helmzier.[133]

Neben «Heroldsbildern» – Aufteilungen des Wappenschilds durch Linien – gibt es Wappen mit «gemeinen Figuren», d. h. mit Motiven aus der belebten und unbelebten Natur oder dem menschlichen Leben.[134] Solche gemeinen Figuren können also auch Tiere sein. Grundsätzlich sind alle Tiere möglich, von Insekten über Amphibien und Reptilien, Fische, Vögel und Säugetiere bis hin zu Fabelwesen wie Drachen oder Kentauren. Gerade in der Frühzeit des Wappenwesens waren Tiere als Schildfiguren sehr weit verbreitet, allen voran Tiere, die Stärke oder Schönheit verkörpern, also etwa der Löwe und der Panther oder der Pfau und der Schwan. Die ersten Wappentiere waren der Löwe (um 1130, Gottfried Plantagenet), der Fisch (1135, Richard de Lucy) und der Adler (1154, Heinrich von Lothringen).[135]

In jedem Fall muss gewährleistet sein, dass die Schildfigur auch aus grosser Entfernung eindeutig zu erkennen ist. Daher sind die Tiere stets stark stilisiert und in bestimmten Posen dargestellt. So sind zum Beispiel Löwen stets aufgerichtet, während Leoparden schreiten.[136]

Abgebildet ist eine Seite aus dem Wappenbuch des Glarner Universalgelehrten Aegidius Tschudi (1505–1572). Tschudi war Politiker, Historiker, Geograph und Theologe und beschäftigte sich unter anderem intensiv mit Heraldik (Wappenkunde).[137] In seinem Wappenbuch stellte er über zweitausend Wappen von vornehmen Geschlechtern aus der Alten Eidgenossenschaft dar und versah manche von ihnen mit Erklärungen, etwa zu einzelnen Angehörigen des Geschlechts oder zu ihren Burgen.

Drei der vier Geschlechter auf dieser Seite führen ein Tier im Wappen: die Familie von Ballwil,[138] ein kyburgisch-habsburgisches Ministerialengeschlecht, ein silbernes Einhorn, die Freiherrenfamilie von Balm[139] aus dem gleichnamigen solothurnischen Dorf einen schreitenden roten Löwen und die Familie von Bärenstoss[140] einen halben schwarzen Bären. Bei letzterem Wappen handelt es sich um ein «redendes» Wappen, da es auf den Familiennamen anspielt.

Die Anmerkung *Ex sigillo arma* («Wappen nach einem Siegel»), die auf der abgebildeten Seite neben allen Wappenschilden steht, bedeutet, dass dem Wappen das Siegel des Geschlechts zugrunde liegt. Als Hinweis auf die Farbe des Bären hat Tschudi *schwartz* in die Zeichnung von Schild und Helmzier geschrieben. Zu allen drei Geschlechtern vermerkt Tschudi ausserdem, dass sie als Stifter des Klosters St. Urban (Luzern) in Erscheinung getreten sind.

Tiere in der Fabelsammlung *Der Edelstein* von Ulrich Boner

St. Gallen, Stiftsbibliothek
Cod. Sang. 643, S. 27
Papier, 242 Seiten
30 × 22 cm
15. und 16. Jahrhundert

Die Fabelsammlung *Der Edelstein* des Berner Dominikaners Ulrich Boner (entstanden um 1340–1350) hat ihren Titel von der Fabel, die in den meisten Handschriften als «Fabel über die Fabel» am Anfang steht. Diese handelt von einem Hahn, der einen Edelstein auf dem Misthaufen findet, ihn aber fortwirft, weil er nichts damit anfangen kann. Ein Haferkorn wäre ihm lieber. Der Hahn, so Boners Deutung, ist wie ein Tor, der die Weisheit verschmäht und den in der Fabel verborgenen Wert nicht erkennt.

Boners deutsche Fabeln gehen zu etwa drei Viertel auf zwei grössere lateinische Fabelsammlungen zurück, die des römischen Dichters Avian (Ende des 4. Jahrhunderts) und die des sogenannten *Anonymus Neveleti* (Mitte des 12. Jahrhunderts). Beide Sammlungen sind in Versen (elegischen Distichen) abgefasst und waren im Mittelalter im Schulunterricht sehr beliebt. Boner folgte seinen Vorbildern, indem er seine Fabeln ebenfalls in Versform schrieb. Die vierhebigen Verse sind paarweise gereimt.

Auf der abgebildeten Seite steht die Fabel von einer Krähe und einem Pfau, die der Redensart «sich mit fremden Federn schmücken» zugrunde liegt. Eine Krähe ist mit ihrem langweiligen Gefieder nicht zufrieden. Als sie Pfauenfedern findet, bedeckt sie ihren Körper damit. Hochmütig verachtet sie fortan die Gesellschaft ihrer Artgenossen und versucht, sich den Pfauen anzuschliessen. Diese enttarnen sie aber und rupfen ihr nicht nur die falschen Federn, sondern auch die eigenen aus, so dass die Krähe am Ende ganz nackt dasteht. Die Lehre aus der Fabel formuliert Boner, wie es für ihn typisch ist, in mehreren Variationen, von denen hier nur drei wiedergegeben seien: «Zu Recht soll derjenige verspottet werden, der von der Eitelkeit so besessen ist, dass er aus Torheit das begehrt, was ihm seine Natur nicht gibt. Je höher der Berg, desto tiefer das Tal; je höher die Ehre, desto tiefer der Fall. […] Wer sich zu viel einbildet, muss mit Sicherheit tief fallen.»[141]

Cod. Sang. 643, eine Sammelhandschrift aus dem 15./16. Jahrhundert, enthält neben dem *Edelstein* eine Sammlung von Schwänken und chronikalische Notizen zur Geschichte von Zürich und Glarus. Wie in der Mehrzahl der Handschriften von Boners *Edelstein* sind die Fabeln mit Federzeichnungen illustriert. In einigen Codices sind die Zeichungen sogar mit Deck- oder Wasserfarben koloriert.

Als die St.Galler Abschrift angefertigt wurde, lag Boners Werk wohl schon gedruckt vor, denn die Erstausgabe erschien 1461 beim Bamberger Drucker Albrecht Pfister. Sie war mit Holzschnitten illustriert. Boners *Edelstein* war damit der erste Druck mit Holzschnitten überhaupt.

und ein mund der mit spricht
die hend kein werck mit vertand
die füsse die alle zitt stille stand
der sin gaziert dar an leit
das ist ein grosz uppikeit
Sprach der wolff ich wene das
der selbgezierde stünde basz
denn dem lib die ougen blind
und die oren die nit gehören sind
die sol den lib wol zieren mag
der lip der sele tüt grossen schlag
vor sel am lib an sal an müt
Ein schöne ist zü nütte güt
von ist an alle gnade gar
Ein bilde der sin nimpt war
der bilden vil uff erden ist
die noch erden bent mangen list
wie si der walt gavallind wol
re schin ist als ein brinnender kol
der uff der statt ze äschen wirt
und mist war in lib gebirt
re ougen sehent nicht
re mund mit gütter wortten spricht
re oren ze hören sind bereit
mit dem ze spott und uppikeit
re hend die wurkent selten güt
re werk re wort sind unbehüt
re füsz sind ze sünden schnell
zü allem gut sy träg sind
die heissent wol der walt kind
an künig aller boszhaiden hait
als unsz der wolff hat gesait

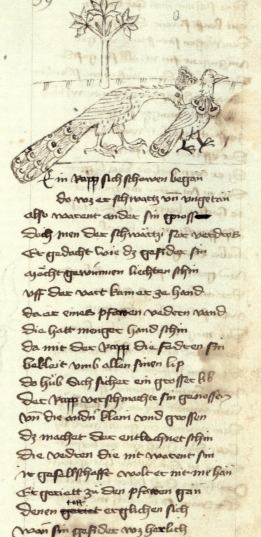

39

Ein rapp sich schowen begann
do vor er schwartz von ungetan
also warent ander sin grossen
doch wen der schwärtzi für verdrosz
Er gedacht wie dz gefider sin
möcht gewünnen liechtern schin
uff der wart kam er ze hand
da er eines pfawen vedern vand
die hatt menger hand schin
da mit der rapp die faden sin
beklait umb allen sinen lip
do hüb sich sicher ein grosser lib
der rapp verschmachte sin gnossen
von die andern klein und grossen
dz machet der entdechnet schin
die vedern die mit warent sin
re gesellschaffe wolt er nit me han
Er geriett zü den pfawen gan
denen geriet er schlechen sich
wan sin gefid er vor harlich
wie er aber kame dar
das merent die pfawen alle war
das es entdechnotte schöne vor
boidet den rapp gefangenen sy hat

Tiere als Buchschmuck

Franziska Schnoor

Tiere spielen auch als Dekorationselement in Handschriften eine wichtige Rolle. Während die allerersten Initialzierbuchstaben, die etwa ab dem 4. Jahrhundert vereinzelt in Handschriften auftauchen, noch ganz abstrakt waren, kommen ab dem 6. Jahrhundert auch Initialen in Tiergestalt (zoomorphe Initialen) vor. Sie haben zuerst die Form von Fisch- und Vogel-Buchstaben.[142] Bei diesen werden einzelne Elemente oder die ganze Initiale von einem oder mehreren Fischen oder Vögeln gebildet, etwa der linke Schrägschaft eines A von einem Fisch oder ein C aus zwei Fischen, deren Köpfe sich in der Mitte berühren. Diese Art der Initialbuchstaben war im 7. und 8. Jahrhundert besonders in der merowingischen Buchkunst sehr verbreitet. Manchmal sind sie mit dem Zirkel konstruiert, wie zum Beispiel in der Rechtshandschrift, die ein Kleriker namens Wandalgarius im Jahr 794 vermutlich in Lyon schrieb (vgl. S. 32).

Für die irische Buchmalerei des Frühmittelalters (7.–9. Jahrhundert) sind Tierköpfe und stark stilisierte Tiere typisch. Letztere besitzen häufig extrem langgestreckte Körper und sind in sich selbst oder ineinander verschlungen. Sie sind ein ursprünglich germanisches Dekorationselement. Auch in der St.Galler Initialkunst kommen ab dem 9. Jahrhundert regelmässig Tierköpfe vor, seltener ganze Tiere. Gelegentlich bilden auch beinahe naturgetreu gezeichnete Tiere einen Buchstaben.

Besonders im Spätmittelalter sind Bordüren beliebt, welche die Handschriftenseite auf einer oder mehreren Seiten rahmen. In den meistens aus rankenden Pflanzen bestehenden Bordüren tummeln sich die verschiedensten Tiere. Manchmal sind Insekten wie etwa Fliegen in ihrer natürlichen Grösse gemalt und so naturgetreu dargestellt, dass man auf den ersten Blick denken könnte, eine echte Fliege sässe auf der Handschriftenseite. Dieses Phänomen wird «Trompe-l'œil» genannt.

Manche Tierdarstellungen gehen über rein dekorative Aspekte hinaus, ohne aber eine direkte inhaltliche Beziehung zum Text zu haben. Dies ist zum Beispiel in einer frühmittelalterlichen Handschrift mit den *Institutiones saecularium litterarum* des Cassiodor der Fall. Tiere dienen dort als Merkhilfen. So verdeutlicht etwa ein Gepard mit seinen vier Pfoten die vierfache Unterteilung der Mathematik in Arithmetik, Musik, Geometrie und Astronomie.

In mittelalterlichen Handschriften verwandeln Tiere also Buchstaben in Körper und Ornamente, sie animieren Seiten, erleichtern das Lernen und machen so die Lektüre zu einem visuell anregenden Genuss.

Tierornamente in der insularen Buchmalerei

St. Gallen, Stiftsbibliothek
Cod. Sang. 1395, S. 426/427
(S. 426)
Pergament, 1 Blatt
22.5 × 18 cm
Mittelirland, 9. Jahrhundert

Ein zentrales Element der insularen (d. h. der irischen und angelsächsischen) Buchmalerei im Frühmittelalter ist die Tierornamentik. Stilisierte Tiere beissen sich selbst in den Schwanz oder sind ineinander verschlungen und mit Flechtbändern kombiniert. Sie lassen sich zwar entweder als Vierbeiner oder als Vögel identifizieren, einer bestimmten Art können sie aber nicht zugeordnet werden, da sie nicht naturalistisch gezeichnet sind. Diese Art der Tierornamentik ist germanischen Ursprungs und prägte im 7. Jahrhundert angelsächsische Metallarbeiten. Über diese Vorbilder hat sie ihren Weg in die insularen Handschriften gefunden.[143]

Das hier abgebildete Fragment ist ein Blatt aus einer liturgischen Handschrift, möglicherweise einem Bussbuch oder einem Psalter. Es enthält den Beginn des Bussgebets mit einer grossen Zierinitiale P. Das erste Wort lautet *PECCAVIMUS* («Wir haben gesündigt»).[144] Carol A. Farr nimmt unter anderem aufgrund der Ähnlichkeit der Vögel zu Vogelornamenten im Stowe-Missale (Dublin, Royal Irish Academy, MS D. ii. 3; entstanden in Roscrea) an, dass die Handschrift, aus der das Fragment stammt, ebenfalls in Mittelirland geschrieben wurde.[145]

Sowohl in der P-Initiale als auch im Rahmen der Seite kommen Tiere vor.[146] In den waagerechten Rahmenfeldern, im senkrechten Rahmenfeld links oben und in den Feldern des P-Bogens strecken sich Vierbeiner. Sie haben meist nach vorne gerichtete Augen, langgezogene Körper, kräftige Hinterbeine und starke Klauen. Aus ihren Schöpfen und Schwänzen geht Fadengeschlinge hervor. In manchen Feldern sind zwei Tiere locker ineinander verwoben, in anderen sitzt nur ein Tier.

Die senkrechten Rahmenfelder sind von flamingoartigen Vögeln besetzt. Ihre langen Hälse sind so gebogen, dass ihre Köpfe auf dem Rücken ruhen oder sie sich mit der Schnabelspitze den Rücken inspizieren. Auffallend sind auch hier die kräftigen Klauen an den Beinen. In den Feldern mit einer doppelten Reihe von Vögeln sind jeweils zwei durch von ihren Köpfen ausgehendes Bandgeflecht verbunden, im Stamm der P-Initiale hingegen verbindet das Bandgeflecht den Schwanz eines Vogels mit dem Schopf des nächsten.

Ob die Tierornamente in insularen Handschriften eine über das Dekorative hinausgehende Funktion hatten, wissen wir nicht. Man kann sich aber richtiggehend meditativ in die Ornamente versenken, wenn man mit den Augen den Flechtbändern und Tieren folgt.

O E S T O D Ñ E P O
pulo tuo. vt beati nico
medif martyrif tui me
rita praeclara fufcipienf. adim
petrandam mifericordiam tuam
femper eiuf patrociniuf adiuue
tur. p dñm   SECRITA
Sufcipe dñe munera propitiuf
oblata quae maieftati tuae be
ati nicomedif martyrif   com
mend& oratio. p ō   A D CŌ
Purificent nof dñe facramenta
quae fumpfimuf. &intercedente
beato nicomede martyre tuo .
acunctif efficiant utiif abfolutof. p

St. Gallen, Stiftsbibliothek
Cod. Sang. 342, S. 561
Pergament, 844 Seiten
23.5 × 17.5 cm
Kloster St. Gallen,
10./11. Jahrhundert

Tierinitialen in einem St. Galler Sakramentar

Zoomorphe (d. h. tierförmige) Elemente finden sich in einem Gross-teil der illuminierten St. Galler Handschriften des 9. und 10. Jahrhunderts. Meistens handelt es sich dabei um Köpfe von hundeartigen Tieren, seltener auch von Vögeln, an den Enden von Initialen.

Diese aus mehreren Teilen zusammengebundene Handschrift mit Gesängen und Gebeten für die Messe stellt einen Sonderfall dar, weil sie zahlreiche Initialen enthält, die nicht nur die in St. Gallen üblichen Tierköpfe als Verzierung aufweisen, sondern vollständig aus einem oder mehreren Tieren gebildet werden.[147] Diese Tierinitialen treten ausschliesslich im Sakramentarteil des Codex auf, also im Teil mit den Messgebeten, nicht aber im Gradualteil mit den Messgesängen.

Auf der abgebildeten Seite formen zwei miteinander spielende Hunde eine A-Initiale zu Beginn eines Gebets zum Fest des heiligen Nicomedes (15. September; die Überschrift, die den Festtag angibt, steht am Ende der vorangehenden Seite). Auch eine Ente, ein Kranich und ein Pfau, jeweils mit einer stilisierten Ranke im Schnabel, formen ein A (S. 563a, 596 und 604), während der Pfau ohne weitere Zusätze auch D-Initialen bildet (S. 365 und 453). An seinen Schwanzfedern mit den charakteristischen Augen ist er eindeutig zu erkennen. Mehrfach kommen Tiere im Kampf mit einer Schlange vor: zweimal ein Vogel, der von der Schlange erdrosselt wird (S. 354 und 542) und einmal ein vierbeiniges Tier, vermutlich ein Ichneumon, das die Schlange in den Hals beisst (S. 582). Dieses kleine Raubtier aus der Familie der Mangusten kann tatsächlich selbst Giftschlangen überwältigen. Sogar ein Drache ist unter den Initialtieren zu finden, er formt mit Flügel und Schwanz ein A (S. 551).

Nicht nur als Dekoration kommen Tiere in dieser Handschrift vor, sondern sie sind auch Gegenstand von Gebeten. Eine Votivmesse, die im Fall von Tierseuchen gefeiert wurde (*Missa pro peste animalium*, S. 798–800) enthält gleich mehrere Gebete, die um ein Ende des Tiersterbens bitten. Ein weiteres Gebet bei Tierseuchen (*Oratio pro peste animalium*) steht auf S. 785. In ihm wird darum gebeten, dass die stummen Tiere, die den Menschen bei seiner Arbeit unterstützen und ohne die er nicht existieren kann (*sine quibus non habetur humana conditio*), nicht zugrunde gehen sollen. Diese Gebete zeigen, wie sehr die Menschen in einer stark landwirtschaftlich organisierten Gesellschaft auf Tiere angewiesen waren und wie Tierseuchen ihre Existenzgrundlage bedrohen konnten.

Tiere als Merkhilfen in Cassiodors Lehrbuch der Sieben Freien Künste

St. Gallen, Stiftsbibliothek
Cod. Sang. 855, S. 276
Pergament, 429 Seiten
16.5 × 11 cm
Kloster St. Gallen, um 850

Diese kleine Handschrift, die im 9. Jahrhundert entstanden ist und wohl im Unterricht der St. Galler Klosterschule verwendet wurde, enthält Texte zur Grammatik und Rhetorik sowie als Haupttext die *Institutiones saecularium litterarum* des spätantiken Politikers und Autors Magnus Aurelius Cassiodorus Senator (ca. 485–ca. 580).[148] Cassiodor verfasste für die Mönche des von ihm gegründeten Klosters Vivarium in Kalabrien eine Einführung in die Theologie und die weltlichen Wissenschaften. Die St. Galler Handschrift enthält nur den zweiten Teil dieses Lehrbuchs, der sich den Sieben Freien Künsten *(Septem artes liberales)* widmet. Die *Septem artes liberales* wiederum gliedern sich in die sprachbezogenen Fächer des Triviums (Grammatik, Rhetorik, Dialektik) und die mathematischen Fächer des Quadriviums (Arithmetik, Geometrie, Musik, Astronomie).

Cassiodors Text ist im St. Galler Codex mit vielen Tierdarstellungen angereichert. Sie sind nicht rein dekorativ, sondern dienen als Merkhilfen. Auf der abgebildeten Seite veranschaulicht ein Vierbeiner die vier mathematischen Disziplinen des Quadriviums, indem jede Pfote mit einer Beschriftung versehen ist. Das dargestellte Tier ist wahrscheinlich ein Gepard, auch wenn sein Körperbau etwas zu gedrungen ist. Für einen Gepard sprechen die kleinen Flecken, die angedeutete Gesichtszeichnung sowie Halsband, Leine und Decke, die auf ein zahmes und für die Jagd einsetzbares Raubtier hindeuten.

Viele weitere Tiere illustrieren die komplexen Sachverhalte. Neben dem erwähnten Gepard und diversen Vögeln (Taube, Adler und nicht weiter identifizierbaren Vögeln) findet man auch einen Delphin, einen Fisch, einen Hasen, einen Hirsch, eine Hündin, mehrere Löwen, einen Stier und eine Ziege. Einige der Zeichnungen wirken recht unbeholfen, der Gepard hingegen ist ziemlich naturgetreu dargestellt.

Während beim Gepard im Prinzip nachvollziehbar ist, warum er als Schaubild gewählt wurde (vier Pfoten = vier Disziplinen), ist das in anderen Fällen weniger klar. Die Vierteilung der Geometrie ist beispielsweise durch einen Vogel illustriert, nicht durch einen Vierbeiner. Daher sind dort nicht nur die Krallen beschriftet, sondern auch der Schnabel und der Schwanz.

Grundsätzlich funktionieren Tierbilder deshalb als mnemotechnische Stützen, weil sich prägnante Bilder leichter dem Gedächtnis einprägen als Wörter und die Fantasie anregen. Die Körperteile der Tiere, denen die einzelnen Wörter oder Phrasen zugeordnet sind, ermöglichen eine Lokalisation des Wissens. Wenn die Schüler im Geist die einzelnen Körperteile durchgehen, sollten sie sich einfacher an die damit verbundenen Sachverhalte erinnern können.

haec ita diuiditur.

DIVISIO MATHEMATICAE.

arith‑
metica · musica · geome‑
trica · astrono‑
mia ·

Arithm&icaest disciplina quan
titatis numerabilis secdm se.
Musica est disciplina quaedenume
ris loquitur. quia aliquid dicunt
his quit nueniuntur in sonis.

Tierdarstellungen in einem Gebetbuch aus Frankreich

St. Gallen, Stiftsbibliothek
Cod. Sang. 503ab, S. 98/99
Pergament, 161 Seiten
12 × 8 cm
Frankreich, 1450/1500

Dieses kleine Gebetbuch in lateinischer und französischer Sprache stammt aus der zweiten Hälfte des 15. Jahrhunderts.[149] Die in der Auvergne ansässige Familie Montboissier gab es bei einem professionellen Atelier im französisch-burgundischen Raum in Auftrag. Es wurde auf dünnem Pergament von sehr guter Qualität geschrieben und reich illuminiert. Besonders viel Buchschmuck findet man auf den Seiten mit sogenannten Suffragien, kurzen Gebeten zu einzelnen Heiligen. Diese werden jeweils durch eine Miniatur eingeleitet und zusätzlich durch Bordüren mit bunten Ranken, Blüten und Früchten geschmückt. In jeder Bordüre sitzt ein Tier, manchmal eindeutig identifizierbar, manchmal ein Fabeltier.

Am häufigsten tummeln sich Vögel in den Ranken – ein Adler, ein Stieglitz, ein Pfau, ein Fasan und andere nicht eindeutig zu bestimmende Vögel –, gefolgt von Libellen und Schmetterlingen. Doch auch Vierbeiner lassen sich in den Bordüren finden, etwa Bären, ein Hund mit Halsband und ein Hase. Auf mehreren Seiten sind Drachen und andere Fabelwesen zu entdecken. Auch die Initialen sind im gesamten Gebetbuch mit Tieren oder Tierköpfen verziert: Schmetterlinge, Käfer, Libellen, Fliegen, Hunde, Drachen, Eulen, eine Ente, ein Esel, ein Pfau, ein Schwan, ein Reiher mit Schlange im Schnabel, eine Schnecke und ein Frischling bevölkern sie.

Ein Zusammenhang zwischen den Tieren in den Bordüren oder Initialen und den Heiligen, an die sich die Gebete auf der entsprechenden Seite richten, lässt sich nicht herstellen. So steht auf der abgebildeten Doppelseite ein Hund neben Gebeten zum Apostel Paulus, und ein Vogel begleitet die Gebete zu Johannes dem Täufer. Zweifellos erfreuen die naturalistisch dargestellten Tiere aber Auge und Geist bei der Lektüre und sie sind ein Widerschein der Schöpfung Gottes im Miniaturformat.

In den Miniaturen, welche die Heiligen zeigen, kommen gelegentlich auch Tiere vor. Im Gegensatz zu den Tieren der Bordüren stehen sie in einem Bezug zu den Lebensgeschichten der Heiligen. Manchmal sind sie sogar deren Attribut, wie hier auf der rechten Seite das (Gottes-)Lamm für

Johannes den Täufer. Auch die heilige Agnes ist mit einem Lamm dargestellt, das wohl wegen der Ähnlichkeit zwischen ihrem Namen und dem lateinischen Wort für «Lamm» *(agnus)* zu ihrem Attribut geworden ist, gleichzeitig aber auch ihren Märtyrertod symbolisiert.

Der Erzengel Michael wird im Kampf gegen den Drachen gezeigt, der allerdings stark menschliche Züge trägt und eher wie ein Teufel aussieht. Auch die heilige Martha von Bethanien, die gemäss einer provenzalischen Erzählung die Stadt Tarascon im Rhônetal von einem Ungeheuer befreite, ist mit einem Monster dargestellt. Der Kirchenvater Hieronymus wird von einem Löwen begleitet, dem er einen Dorn aus der Pfote zieht. Von diesem Löwen heisst es in der Legende, er habe dem Heiligen aus Dank fortan treu gedient.

Eine Jagdszene in einer Handschrift für das Stundengebet

St. Gallen, Stiftsbibliothek
Cod. Sang. 534, S. 135
Pergament, 419 Seiten
27.5–28 × 20 cm
Kloster St. Gallen,
vor/um 1520

Der St. Galler Münsterorganist Fridolin Sicher schrieb um 1520 im Auftrag von Abt Franz Gaisberg (1504–1529) ein siebenbändiges *Directorium perpetuum* für die Liturgie des Klosters (Cod. Sang. 533–539, nur der erste Band ist nicht von seiner Hand).[150]

Die sieben Handschriften enthalten die liturgische Ordnung des Stundengebets für das gesamte Kirchenjahr. Viele Festtage des Kirchenjahrs sind von Ostern abhängig, das stets auf den ersten Sonntag nach dem ersten Frühlingsvollmond fällt. In sechs Bänden hat Sicher für jeden der 35 möglichen Ostertermine (22. März bis 25. April) den Ablauf des Kirchenjahres von Epiphanie (6. Januar) bis zum Vorabend des 1. Advents aufgeschrieben, eine 36. «Regel» behandelt einen Sonderfall für Schaltjahre. Die Feste des Weihnachtsfestkreises, für die es nur sieben mögliche Datumsverteilungen gibt (je nach Datum des 1. Advents), sind in einen siebten Band ausgelagert.

Der Buchschmuck stammt von dem in Augsburg ansässigen Buchmaler Nikolaus Bertschi und einem Gehilfen. Bertschi illuminierte für das Kloster St. Gallen unter Abt Franz Gaisberg mehrere grossformatige liturgische Handschriften.[151]

Der hier abgebildete zweite Band enthält die 3. bis 10. Regel, für die Ostertermine 24. bis 31. März. Als einziger der sieben Bände war dieser früher ein *liber catenatus*, ein angekettetes Buch, wie man an dem Eisenring erkennen kann, der am oberen Rand des hinteren Buchdeckels befestigt ist.

Während die Bordüren, die der Gehilfe malte (S. 243, 301 und 360) eher einfach und etwas schematisch gehalten sind und nur aus stilisierten bunten Ranken mit Knospen und Blüten bestehen, sind Bertschis Bordüren frei und fantasievoll. Sie sind an den Goldpollen mit kurzen Strahlen und den feinen Federstrichen zwischen den Ranken zu erkennen.

Alle Bordüren Bertschis enthalten auch Tiere, die ziemlich naturgetreu dargestellt sind. Auf S. 3 ist am unteren Blattrand eine nicht ganz klar identifizierbare Raubkatze (vielleicht ein Leopard?) zu sehen, in den Ranken sitzt ein Stieglitz. Auf S. 41 sitzt, ebenfalls am unteren Blattrand, ein Rothirsch mit eindrücklichem Geweih (Achtender) neben einem im Vergleich zu ihm überdimensionierten Schmetterling. Auf S. 83 kann man in den Ranken einen Gimpel und einen weiteren Vogel entdecken, in der rechten unteren Ecke sitzt ein Affe. Auf der abgebildeten Seite (S. 135) hat Bertschi eine kleine Jagdszene gemalt: Ein Fuchs, der eine Gans erbeutet hat und im Maul davonträgt, wird von einem Hund verfolgt.

Sexta Regula

Cur ka(lendis) dñicalis tu(us) sep
tuagesima fuerit primo
kalendas februarii

Januarius

f feria quinta Epiphania dñi dul amis
Pu(us) no(cturnus) ex esaia ph(eta) Dmus (sur)ectus
2 no(cturnus) sermo b. Fulgentii Nostig katies
3 no(cturnus) Dm(in)a euy Cuz natus ez Post
3(us) predicatus per ambitu(m) R(espons)io Illumiare
B feria 6ta Ag(nu)s de epiph(an)ia In 1 no(cturno) an
Des gentes le(ctio) sermo S. leonis Celebrato R(esponsio)
Illumare il tuz z 69 se(que)n(te) In 2 no(cturno) a Nati
A Sabbatho de epipha(n)ia In 1 no(cturno) an
Bñte dñ(i)o le(ctio) sermo bñ Augusti Nuper
tuz 3 69 se(quen)t(e) 69 R(espons)us Ad vas an Ueru pria
auz rel Ca de oñita R(espons)io Illumiae Hmu
Nostig hero S. Reges tha sup mst an
Ab oriente deno iusse de epha
B Domin(i)ca Infra 8uas eph(an)ie Inuitatoriu(m)
Cristo app Jm(nu)s Jhesus tu3 pi de oñita
In 1 no(cturno) an stella ista S Dmus terra
le(ctio) sermo S leonis ipe Justuz de ratio(n)e R(esponsio)
Illumiare tuz rel In 2 no(cturno) an Affecte
R(esponsi)o Magi veni tuz rel In 3 no(cturno) an
Tua suit munea euz an Dm(in)a Cuz satto
R(esponsi)o nonu Tua suit ma R(esponsi)o io3 dies sat
yndeus Hic est duodeu3 In coñbe Ad
laud an Aperie thesu sola pi Dom(inu)s reg(nauit)
tuz rel an eua bis Cuz satto est3 . & su R

geschriben, ... tett ·:·

ung Alexander · empewtt der
kunigin Candacis · freude vnd
wunne ᛫ Ich sennd dir den tem
pel · vnd sawl · des gottes Amonis
vnd ich flech vnd pitt dich daz du
zu mier komest · vnd daz wier
mitt einander geen auf die perg
vnd daz wier mitt ainander aini
ig werden · lieb vnd freuntschafft zu haben · wann d
mier ist sovil wann deiner weyßleichen güett vnd eren ge
sagtt daz ich ain gancze freude hab mitt dir zureden ᛫
Wann vber allen syg · victory · vnd tryumph · so frewtt
ain rawes wolgeleibttes weyb · alle kunig ᛫ Darumb
berautt dich · wann ich vor dem gepirg deiner khunst
ain monet harren wil ·:·

Je tugentreich schraib ir hinwider dar · fr
daz vor allen dingen wolgeuiel · vnd da sy
vast gern vnd williglleich komen wolt ·
vnd sy wolt solleich freuntschafft vnd verpuntt
nuß mitt jm machen · die da ewigcleichen, tüit vnd
vntzerprochen beleyb ᛫ Vnd daz sy verstuett daz ich
des willig sey · so wil ich anfangk solleicher freuntt
schafft machen · darumb send ich dir hundert gul
deiner gefäß · vnd schick dir auch funffzigt funfft
aiuen · von morellanret · die allerhannde Sympho
ney · vnd saytenspil · konnumen ᛫ Ich sennd auch
dir zwayhundert woledender vogel · daun dein ho
chen gott Amon · sennd ich ain gülldeine kchron ᛫
durch zyeret mitt edeln gestain · mitt Smaragden
mitt Rubin · mitt perlein · vnd andern edeln ge
stain · kgleichen ᛫ Darane hangen daran aechten

Fliegen auf den Seitenrändern im Alexanderroman

Eine der am reichsten mit Bordüren geschmückten Handschriften der Stiftsbibliothek ist diese Abschrift des von Johann Hartlieb (†1468) aus dem Lateinischen ins Deutsche übertragenen Alexanderromans *(Histori von dem grossen Alexander)*.[152] Johann Hartlieb war Leibarzt und Berater des bayerischen Herzogs Albrecht III. (1401–1460) und übersetzte den Alexanderroman im Auftrag des Fürsten und seiner Ehefrau, Anna von Braunschweig (1420–1477).[153] Die hier gezeigte Handschrift ist das Widmungsexemplar für das Herzogspaar; gemäss dem Kolophon (S. 326) schrieb Johannes Frauendorfer aus Thierenstein (Dürnstein) in Österreich sie im Jahr 1454. Die 45 Deckfarbeninitialen und die von ihnen ausgehenden Bordüren gestaltete möglicherweise der bayerische Buchmaler Hans Rot.[154] Wie die Handschrift vom bayerischen Herzogshof in die St. Galler Klosterbibliothek kam, wissen wir nicht, sie ist im Bestand erstmals 1755 nachgewiesen.

Die Bordüren in Form von Ranken mit Blättern, Blüten und Knospen rahmen den Text auf einer bis vier Seiten. Meistens erstrecken sie sich über den linken und den oberen oder unteren Blattrand. Gegen Ende der Handschrift werden sie weniger ausladend. Tiere findet man in etwa einem Viertel der Bordüren, vor allem auf den ersten Seiten. Im letzten Drittel der Handschrift ist nur noch eine einzige Bordüre mit einem Tier versehen, nämlich die auf der allerletzten Seite. Sie rahmt dort Hartliebs Widmungsepilog an die bayerische Herzogin.

Die meisten Tiere gehören heimischen Arten an – Bären, Eichhörnchen, Störche, ein Reiher und kleine Singvögel, Schmetterlinge, Libellen, Käfer und Fliegen. Nur ein Pelikan sticht als exotischer Vogel heraus. Auch der Bär auf der abgebildeten Seite ist eine Besonderheit, denn er spielt Dudelsack. Man kann ihn als Drolerie bezeichnen, eine «groteske, auf das Spielerische, Scherzhafte gerichtete Darstellung, deren Seltsamkeit nicht Selbstzweck ist, sondern sich im Wesentlichen dekorativ auswirkt».[155] In der gotischen Buchmalerei (13.–14. Jahrhundert) waren Drolerien an den Seitenrändern von Handschriften sehr beliebt. Auch wenn Drolerien einen hohen dekorativen Wert besitzen, macht ihr Witz eine Seite gut erinnerbar.

Besonders auffällig sind die vielen Fliegen und die Käfer, die auf den Seiten mit Bordüren zu sitzen scheinen. Sie sind etwa lebensgross dargestellt und wirken daher wie lebendig. Diese Form der Malerei, *Trompe-l'œil* («Augentäuschung») genannt, soll durch täuschende Wirklichkeitsnähe beim Betrachter für Erstaunen sorgen und die Kunstfertigkeit des Malers unter Beweis stellen.[156] Vielleicht war der Buchmaler von italienischen oder niederländischen Gemälden inspiriert, auf denen ab dem 15. Jahrhundert immer wieder Fliegen als *Trompe-l'œil*-Motiv zu finden sind.[157]

Marlies Pekarek:
Paraden und Prozessionen

Corinne Schatz

Hunde, Affen, Vögel, Bären, Wölfe, Hasen, Rehe und vieles mehr an Getier paradieren friedlich vereint zwischen altehrwürdigen Folianten und ledernen Buchrücken durch die Regale der Stiftsbibliothek. Geschaffen hat diese Intervention die St.Galler Künstlerin Marlies Pekarek (*1957 in Bern) im Rahmen der historischen Ausstellung «Tiere – Fremde und Freunde».

Marlies Pekareks künstlerisches Schaffen bewegt sich in den Zwischenzonen von Kunst, Design und Handwerk und entlang der Bruchstellen, wo die oft willkürlich gesetzten Grenzen unscharf werden. Sie untersucht Darstellungstraditionen in Kunst und Religion und fragt danach, wie diese Eingang in die Alltagskultur finden. So schuf sie unter dem Titel «Madonnas, Queens & Other Heroes» einen umfassenden Werkkomplex, in dem sie übereinstimmende Darstellungsformeln in Bildern von Madonnen, Königinnen sowie Helden und deren Übernahme in die Volksfrömmigkeit und Populärkultur erforschte. 2010 zeigte sic im Gang der Stiftsbibliothek Werke aus diesem Komplex sowie den «Klosterladen» mit Madonnenfiguren aus Seife.

Für die Auswahl an Tieren, welche nun die Stiftsbibliothek bevölkern, bezieht sich die Künstlerin auf die Bordüren der kostbaren Handschriften und Illustrationen in Büchern der Stiftsbibliothek, die in den Vitrinen ausgestellt sind. Verschiedene Vögel, ein Fuchs, der eine Gans gestohlen hat, verfolgt von einem Hund, Eichhörnchen, Hirsche und Bären sind in diesen Verzierungen zwischen Blumenranken zu entdecken. Die Parade in den Schränken umfängt ihrerseits als dreidimensionale Bordüre den gesamten

Raum. In den Deckengemälden und Stuckaturen im Saal gibt es hingegen nur wenige Tiere zu entdecken: Gregor dem Grossen sitzt eine Taube auf der Schulter – der Heilige Geist, der dem Kirchenvater die nach ihm benannten Choräle einflüstert –, Hieronymus liegt ein niedlicher Löwe zu Füssen und ein Hahn aus Stuck mag humorvoll an Gallus (lateinisch für «Hahn») erinnern. Natürlich marschiert auch der Bär aus der Galluslegende mit in der Parade.

Das ambivalente und oft widersprüchliche Verhältnis des Menschen zur Tierwelt, das im Ausstellungstitel der Stiftsbibliothek «Tiere – Fremde und Freunde» angesprochen wird, zeigt sich zum einen in der Verehrung oder Verniedlichung und Vermenschlichung, zum andern in der Dämonisierung gewisser Tiere. Für Letzteres bietet der Wolf ein besonders eindrückliches Beispiel, der seit seiner Rückkehr in die Schweiz für heftige Auseinandersetzungen sorgt. Als Inbegriff des Bösen, der Hinterlist und Gier wird er in unseren Märchen dargestellt, während andere Kulturen ihn verehren. In der Gründungslegende Roms nährte eine Wölfin die ausgesetzten Knaben Romulus und Remus. So begegnen wir in der Ausstellung nun Nachbildungen der Kapitolinischen Wölfin ebenso wie dem Rotkäppchen. Als Verweis auf die häufige Verniedlichung und Vermenschlichung von Tieren mag ein Rehkitz als Beispiel dienen, das an Disneys Bambi erinnert. Bei Pekarek erhält es in mehreren Stufen ein menschliches Gesicht. Auch Adler und Bären gehören zu den Tieren mit zwiespältigem Ruf, für ihre Kraft so verehrt wie gefürchtet und als Trophäen gejagt. Beide Tiere sind zudem beliebte Sujets im Kunsthandwerk, beispielsweise für die Brienzer

Holzschnitzer, die sie seit Anfang des 19. Jahrhunderts in allen Posen und Grössen und für alle erdenklichen Zwecke, vom Aschenbecher bis zum Schirmständer, für den Verkauf an die Touristen herstellen.

Für ihre Kleinskulpturen greift die Künstlerin auf ganz unterschiedliche Vorlagen zurück, von Holzschnitzereien, Nippesfiguren aus Porzellan und englischen Kaminhunden aus Keramik bis zu exotischen Souvenirs. Ein besonderes Augenmerk richtet sie auf Fabel- und Mischwesen, wie sie in der Mythologie vieler Kulturen auftreten. So sind in der abendländischen Kunst Ovids *Metamorphosen* bis heute eine unerschöpfliche Quelle. Aus dem alten Ägypten kennen wir zahlreiche tierköpfige Gottheiten. Wir finden sie versammelt in einem Kahn wie auf der Fahrt ins Totenreich. Das Ensemble «Egypt Boat», komplett aus Seife in unterschiedlichen Blautönen geschaffen, stellt eine Verbindung zur Mumie Schepenese her, die in der Stiftsbibliothek zu den besonderen Attraktionen gehört. Dem Ba, der im ägyptischen Totenkult einen der Aspekte der Seele darstellt und oft als menschenköpfiger Vogel abgebildet wird, setzt Pekarek den Kopf einer puppenhaften Maria mit Krone auf und verwischt so die Grenzen zwischen Zeitaltern, Kulturen und Religionen.

Verwandlung meint im Schaffen Pekareks auch den Transfer einst religiöser, mythologischer oder künstlerischer Motive in sinnentleerte, massenproduzierte Souvenirs und Nippes. Man denke nur an die beiden Putten aus Raffaels Gemälde *Die Sixtinische Madonna*, die in allen erdenklichen Formen millionenfach reproduziert werden.

Dabei spielt die Transformation durch die eingesetzten Materialien und Techniken eine ebenso wichtige Rolle wie die inhaltliche. Mit den Bronzegüssen veredelt die Künstlerin billige Massenware, zugleich reproduziert sie ursprünglich Wertvolles in alltäglichen und teilweise vergänglichen Materialien wie Gips, Silikon, Wachs oder Seife. Mit Ausnahme zweier in sich geschlossener Figurengruppen aus farbiger Seife hat sie alle Figuren in Schwarz und Weiss gehalten. Durch diese Reduktion verunklart sie die Charakteristika der verwendeten Materialien. Es ist kaum zu erkennen, ob ein Objekt aus schwarz patinierter Bronze oder Wachs besteht. Weisser Gips wird mit schwarzem Silikon übergossen, das teilweise hinuntertropft. So reicht das Täuschungs- und Verwirrspiel bis in die Materialität der Figuren. Marlies Pekarek versetzt die Objekte in einen stetigen Kreislauf zwischen Kunstwerk und Kitsch, zwischen Wert und Wertlosigkeit, zwischen Original und Massenprodukt und stellt uns vor die Frage, welche Bedeutung wir diesen Dingen geben und geben wollen.

Die Parade gleicht auch einem Maskenball der Tiere, wo sich jedes als etwas anderes ausgibt. Ein Scottish Terrier setzt sich die Nofretetebüste oder ein Hirschgeweih auf, dafür erscheint an anderer Stelle sein Kopf auf einem Affenkörper. Aus dem Schnabel eines Reihers ragt das aufgerissene Maul eines Krokodils. Und immer wieder begegnet man einem niedlichen, an das Rotkäppchen erinnernden Mädchen, das aus allerlei Tierleibern herauswächst – wie die harmlos verspielte Variante eines Kentauren. Auch aus dem Körper eines Nashorns reckt es sich empor. Das exotische Tier

verweist seinerseits auf den berühmten Holzschnitt, den Albrecht Dürer aus Beschreibungen und seiner Vorstellungskraft schuf, ohne je ein Nashorn gesehen zu haben. Die Fülle der Anspielungen, der Bedeutungen und Geschichten all dieser Tiere und Gestalten verwebt Heiligenlegenden, Mythen und Volksmärchen ebenso wie Kunst- und Naturgeschichte in ein dichtes Beziehungsnetz.

Mit ihrer Installation treibt Marlies Pekarek ein immer wieder überraschendes und vergnügliches Spiel mit den Tieren und Gestalten; wohl verwahrt hinter den Gittern der Schranktüren umkreist die fantastische Parade den ehrwürdigen Saal und die Kostbarkeiten in den Vitrinen.

Anhang

Anmerkungen

1 Udo Friedrich, Menschentier und Tiermensch. Diskurse der Grenzziehung und Grenzüberschreitung im Mittelalter, Göttingen 2009, S. 184.

2 Robert Delort, Les animaux ont une histoire, Paris 1984.

3 Christel Meier, Grundzüge der mittelalterlichen Enzyklopädik. Zu Inhalten, Formen und Funktionen einer problematischen Gattung, in: Literatur und Laienbildung im Spätmittelalter und in der Reformationszeit. Symposium Wolfenbüttel 1981, hrsg. von Ludger Grenzmann und Karl Stackmann, Stuttgart 1984, S. 467–503, hier S. 491.

4 Reichston, Str. 2 (= Lachmann 8, 28), V. 1–7. Walther von der Vogelweide, Leich, Lieder, Sangsprüche. 14., völlig neubearb. Aufl. der Ausg. Karl Lachmanns mit Beiträgen von Thomas Bein und Horst Brunner, hrsg. von Christoph Cormeau, Berlin 1996, S. 12.

5 *De animalibus,* Buch XXI, Trakt. 1, Kap. 2. Albertus Magnus, De animalibus libri XXVI. Nach der Cölner Urschrift hrsg. von Hermann Stadler, Bd. 2: Buch XIII–XXVI enthaltend, Münster i. W. 1920, S. 1329, Z. 25–27.

6 Alanus ab Insulis, Rhythmus de natura hominis fluxa et caduca, Str. 1, in: Sacred Latin Poetry, hrsg. von Richard Chevenix Trench, London 1886, S. 262.

7 Marner, Sangspruch 7, 15. Der Marner. Lieder und Sangsprüche aus dem 13. Jahrhundert und ihr Weiterleben im Meistersang, hrsg., eingel., erl. und übers. von Eva Willms, Berlin 2008, S. 253.

8 Meissner, Sangspruch XII, 1, V. 8. Der Meißner der Jenaer Liederhandschrift. Untersuchungen, Ausgabe, Kommentar von Georg Objartel, Berlin 1977, S. 207.

9 Friedrich Ohly, Vom geistigen Sinn des Wortes im Mittelalter, in: Zeitschrift für deutsches Altertum und deutsche Literatur 89 (1958/59), S. 1–23. Wieder in: Ders., Schriften zur mittelalterlichen Bedeutungsforschung, Darmstadt ²1983, S. 1–31, hier S. 5.

10 Edition: Alexander von Ulrich von Eschenbach [sic!], hrsg. von Wendelin Toischer, Tübingen 1888.

11 Ebd., S. 44–45.

12 Ebd., S. 534.

13 Ebd., S. 626.

14 Udo Friedrich, Der Ritter und sein Pferd. Semantisierungsstrategien einer Mensch-Tier-Verbindung im Mittelalter, in: Text und Kultur. Mittelalterliche Literatur 1150–1450, hrsg. von Ursula Peters, Stuttgart 2001, S. 245–267, hier S. 266–267.

15 Ulrich von Eschenbach, Alexander, ed. Toischer (Anm. 10), S. 534.

16 Ebd., S. 355.

17 Johann Hartliebs ‹Alexander›, eingel. und hrsg. von Reinhard Pawis, München 1991, S. 327.

18 Eine doch recht umfangreiche Sammlung von Texten über die Freundschaft von Menschen zu Tieren im Mittelalter bietet: Tiere als Freunde im Mittelalter. Eine Anthologie, eingel., ausgewählt, übers. und komm. von Gabriela Kompatscher zusammen mit Albrecht Classen und Peter Dinzelbacher, Badenweiler 2010.

19 So etwa Barbara Weiden Boyd, The Death of Corinna's Parrot Reconsidered: Poetry and Ovid's *Amores,* in: The Classical Journal 82 (1987), S. 199–207; K. Sara Myers, Ovid's Tecta Ars: Amores 2.6, «Programmatics and the Parrot», in: Echos du Monde Classique / Classical Views 34 (n. s. 9) (1990), S. 367–374. Ulrich Schmitzer, Gallus im Elysium. Ein Versuch über Ovids Trauerelegie auf den toten Papagei Corinnas (am. 2.6), in: Gymnasium 104 (1997), S. 245–270, deutet den Papagei als Bild für den Dichter C. Cornelius Gallus († 26 v. Chr.), den Begründer der Gattung der römischen Liebeselegie.

20 Gemäss Christian Hünemörder, Art. Papagei, in: Der Neue Pauly. Enzyklopädie der Antike, Bd. 9, Stuttgart 2000, Sp. 280–281, hier Sp. 281, war der Papagei in Rom «ein beliebter Ziervogel».

21 Edition und Übersetzung: P. Ovidius Naso, Über die Liebe. Amores · Ars Amatoria. Lateinisch/Deutsch, übers. und hrsg. von Michael von Albrecht, Stuttgart 2015, S. 82–87.

22 Ovid beschreibt das Aussehen des Papageis recht präzise: Sein Federkleid lässt Smaragde im Vergleich stumpf erscheinen, der Schnabel ist purpurrot und changiert ins Safranrot. Man erkennt, dass ein Halsbandsittich oder Alexandersittich gemeint ist.

23 Zum Autor vgl. Claudio Leonardi, Art. Johannes 92. J. Diaconus, in: Lexikon des Mittelalters, Bd. 5, München 1991, Sp. 569.

24 Johannes Diaconus, *Vita Gregorii magni* II, 60. Jacques-Paul Migne (Hrsg.), Patrologia latina, Bd. 75: Sancti Gregorii papae I, cognomento magni, opera omnia, Paris 1902, Sp. 124–126.

25 Rainer Kampling, Vom Streicheln und Nutzen der Katze. Die Wahrnehmung der Katze bei christlichen Autoren von der Spätantike bis zum 12. Jahrhundert, in: Eine seltsame Gefährtin. Katzen, Religion, Theologie und Theologen, hrsg. von Rainer Kampling, Frankfurt a. M. 2007, S. 95–120, hier S. 113.

26 Alle Tiergeschichten aus den Viten des heiligen Franziskus sind in deutscher Übersetzung zusammengestellt bei Max Bolliger, Franziskus und die Tiere. Geschichten und Legenden, Au/SG 1986. Umfassend zum Thema: Anton Rotzetter, Die Freigelassenen. Franz von Assisi und die Tiere, Freiburg Schweiz 2011.

27 Eine Konkordanz aller Fassungen der Vogelpredigt in allen Franziskusviten ebd., S. 187–197.

28 Edition: Jacobus de Voragine, Legenda aurea. Goldene Legende, Einleitung, Edition, Übersetzung und Kommentar von Bruno W. Häuptli, Freiburg im Breisgau 2014, 2 Bde. Das Kapitel zu Franz von Assisi Bd. 2, S. 1934–1965.

29 Übersetzung ebd., S. 1957.

30 Vgl. ebd., S. 1954–1957.

31 Vgl. ebd., S. 1950–1951.

32 Übersetzung bei Jacques le Goff, Franz von Assisi. Aus dem Französischen von Jochen Grube, Stuttgart 2006, S. 110–112.

33 Art. Tieropfer, in: Wikipedia, https://de.wikipedia.org/wiki/Tieropfer (16.9.21).

34 Die Benediktusregel. Lateinisch/deutsch, hrsg. im Auftrag der Salzburger Äbtekonferenz, Beuron ⁴2006, S. 201.

35 Art. Maultier, in: Wikipedia, https://de.wikipedia.org/wiki/Maultier (16.9.21).

36 Neue Ausgabe von Buch I: Publii Vegeti Renati Digesta artis mulomedicinalis. Liber primus, hrsg. von Vincenzo Ortoleva, Catania 1999, online:

https://archive.org/details/PubliiVegetiRenatiDigesta
ArtisMulomedicinalisLiberPrimus (29.9.21);
alte Ausgabe des ganzen Werks: P. Vegeti Renati
digestorum artis mulomedicinae libri, hrsg. von Ernst
Lommatzsch, Leipzig 1903, S. XIV–XVI. Da es keine
neuere deutsche Übersetzung gibt, leistet das Digitali-
sat einer historischen gedruckten deutschen Ausgabe
von 1532 gute Dienste: Flavii Vegetii Renati Ain Büch-
lein, vonn rechter unnd warhaffter kunst der Artzney,
Allerlay kranckheyten ynnwendigen und außwendigen
aller Thyer, So etwas zyehen oder Tragen mügen, als
Pferd, Esel […] und anderer […], Augsburg: Stainer,
1532: https://mdz-nbn-resolving.de/details:
bsb10981956 (29.9.21).

37 Vegetius, Digesta artis mulomedicinalis, ed. Ortoleva
(Anm. 36), S. XXXI–XXXII.

38 Ebd. Buch 4, De curis boum epitoma, stammt gemäss
Ortoleva auch von Vegetius, der diesen Text angesichts
einer Seuche bei den Ochsen erstellte und dafür die
Arbeit an der Mulomedicina unterbrach. Ebd.,
S. XXV–XXX.

39 Ebd., S. VII–XVI, unsere Handschrift als S auf S. XIV;
Vincenzo Ortoleva, La tradizione manoscritta della
«Mulomedicina» di Publio Vegezio Renato, Acireale
1996, hatte noch 19 Handschriften.

40 Art. Rotz (Krankheit), in: Wikipedia,
https://de.wikipedia.org/wiki/Rotz_(Krankheit)
(17.9.21).

41 Vegetius, Digesta artis mulomedicinalis, ed. Ortoleva
(Anm. 36), S. 15.

42 Allgemein dazu Stephan Meder, Rechtsgeschichte.
Eine Einführung, Köln ²2005, S. 105–129.

43 Clausdieter Schott, Art. Leges, in: Lexikon des Mittelalters, Bd. 5, München 1991, Sp. 1802–1803.

44 Karl Schmuki, Leges-Handschriften, in: Wenn Bücher
Recht haben. Justitia und ihre Helfer in Handschriften
der Stiftsbibliothek St. Gallen. Katalog zur Jahresaus-
stellung in der Stiftsbibliothek St. Gallen 30. November
2014 bis 8. November 2015, St. Gallen 2014, S. 68–77,
hier S. 69.

45 Ruth Schmidt-Wiegand, Art. Lex Salica, in: Lexikon
des Mittelalters, Bd. 5, München 1991, Sp. 1931–1932.

46 Karl Ubl, Sinnstiftungen eines Rechtsbuchs. Die Lex
Salica im Frankenreich, Ostfildern 2017, S. 160–163;
Ausgaben: Lex Salica, hrsg. von Karl August Eckhardt,
Hannover 1969; mit deutscher Übersetzung: Lex Salica.
100 Titel-Text, hrsg. von Karl August Eckhardt, Weimar
1953.

47 Lex Salica 100 Titel, ed. Eckhardt (Anm. 46), S. 104–119;
Ubl, Sinnstiftungen (Anm. 46), S. 88–89; Elmar Seebold,
Die Behandlung von Tierdiebstählen in der Lex Salica,
in: Beiträge zur Geschichte der deutschen Sprache und
Literatur 137 (2015), S. 42–62.

48 Lex Salica 100 Titel, ed. Eckhardt (Anm. 46), S. 146–147
und 188–191.

49 Lex Salica 100 Titel, ed. Eckhardt (Anm. 46), S. 116–117.

50 Karl Schmuki, Die Wandalgarius-Handschrift mit der
Lex Romana Visigothorum, der Lex Salica und der Lex
Alamannorum, in: Karl Schmuki, Peter Ochsenbein und
Cornel Dora, Cimelia Sangallensia. Hundert Kostbar-
keiten aus der Stiftsbibliothek St. Gallen, St. Gallen
1998, S. 36–37.

51 Zur Handschrift: Die Handschriften der Stiftsbibliothek
St. Gallen, Bd. 3: Abt. V: Codices 670–749, bearb. von
Philipp Lenz und Stefania Ortelli, Wiesbaden 2014,
S. 254–258.

52 Zur mittelalterlichen Medizin: Abracadabra. Medizin im
Mittelalter. Sommerausstellung 8. März bis 6. November
2016, St. Gallen 2016.

53 Kritische Edition: Arsenio Ferraces Rodríguez, Ars
medicinalis de animalibus. Estudio y edición crítica de
un anecdotum de zooterapia altomedieval, in: Myrtia
298 (2013), S. 175–241, online: https://revistas.um.es/
myrtia/article/view/187991/154841 (14.9.21).

54 Ferraces Rodríguez übersetzt grillius nicht etwa als
«grillo» («Grille»), sondern als «rata» («Ratte»); er
nimmt an, dass es sich um eine durch Lautvertauschung
entstandene Schreibvariante von glirus oder glirius
handelt, was wiederum eine vulgärlateinische Variante
von glis («Siebenschläfer» oder «Haselmaus») ist.
Vgl. ebd., S. 185.

55 Ebd., S. 222.

56 Hysterie, für lateinisch insania, wurde bis in die Frühe
Neuzeit mit einer wandernden Gebärmutter in Zusammenhang gebracht. Vgl. Art. Hysterie, in: Wikipedia,
https://de.wikipedia.org/wiki/Hysterie (17.9.21). Besten
Dank für den Hinweis an Clemens Müller.

57 Zur Handschrift: Monica Niederer, Der St. Galler
Botanicus. Ein frühmittelalterliches Herbar. Bern 2005,
S. 52–62; Franziska Schnoor, Ein frühmittelalterliches
medizinisches Kompendium und Kräuterbuch, in:
Abracadabra (Anm. 52), S. 94–95.

58 Zum mittelalterlichen Wissenstransfer durch Übersetzungen siehe die gesammelten Beiträge in Science
translated. Latin and vernacular translations of scientific
treatises in medieval Europe, hrsg. von Michèle
Goyens, Pieter de Leemans und An Smeets, Leuven
2008, daraus zu Aristoteles Carla Di Martino, Le
bonheur perdu: Note sur la traduction latine médiévale
du talkhîs kitâb al-hiss wa-l-mahsûs (épitomé du livre du
sens et du sensible) d'Averroès, S. 35–45, hier S. 36–37;
zu Stellung und Wirken von Michael Scotus S. 39, 41.

59 An dem puᵒch ze latein hat ain maister gearbait fuᵒnfzehen
iar, […] vnd hat ez gesamnt auz der geschrift der hohen
maister, die haizzent Aristotiles, Plinius, Solynus,
Ambrosius, […]. Beginn des Epilogs, zitiert nach der
Edition in Konrad von Megenberg, Das Buch der Natur,
Bd. 2: Kritischer Text nach den Handschriften, hrsg.
von Robert Luff und Georg Steer, Tübingen 2003,
S. 529, Z. 2–4. Vgl. auch Walter Buckl, Megenberg aus
zweiter Hand. Überlieferungsgeschichtliche Studien
zur Redaktion B des Buchs von den natürlichen Dingen,
Hildesheim 1993, S. 269. Den Physiologus, eine einfluss-
reiche Schrift frühchristlicher Natursymbolik, erwähnt
Konrad ebenfalls unter den benutzten Quellen, beruft
sich aber nirgendwo explizit darauf. Siehe Buckl,
Megenberg aus zweiter Hand (diese Anm.), S. 272.

60 Zum mittelalterlichen Natur- und Wissenschaftsverständnis allgemein und bei Konrad von Megenberg
siehe einführend Gerhard E. Sollbach, Das Tierbuch des
Konrad von Megenberg, Dortmund 1989, S. 19–29.

61 Das Leben von Michael Scotus, der möglicherweise
schottischer oder irischer Herkunft war, liegt über weite
Strecken im Dunkeln, bis er 1217 in Toledo mit der

Übersetzung eines astronomischen Werks aus dem Arabischen hervortritt. In den darauffolgenden Jahren müssen die *Libri de animalibus* entstanden sein, noch bevor Scotus 1220 nach Bologna zog.

62 Die fünf Werktitel könnten auf Deutsch wie folgt lauten: Geschichte der Tiere, Über die «Bestandteile» der Tiere (die Materie, die nicht für die Fortpflanzung gebraucht wird), Über die Fortpflanzung der Tiere, Über die Bewegung der Tiere, Über die Gangart der Tiere.

63 Über die Verfasserschaft herrscht in der Forschung Uneinigkeit. Siehe beispielsweise die Ausführungen in Heinrich Schipperges, Die Assimilation der arabischen Medizin durch das lateinische Mittelalter, Wiesbaden 1964, S. 74, gegenüber der kurzen Bemerkung in Hendrik Joan Drossaart Lulofs, Preface, in: Aristotle, De animalibus. Michael Scot's Arabic-Latin Translation, part three, books xv–xix: Generation of animals, hrsg. von Aafke M. I. Van Oppenraaij, Leiden 1992, S. vii.

64 Aristotle, Generation of animals, with an English translation by A. I. Peck, Harvard 1953, S. xxix.

65 Zu den betreffenden übersetzerischen Prozedere und ihren Auswirkungen siehe die exemplarische Darstellung in Di Martino, Le bonheur perdu (Anm. 58), S. 38–41.

66 Drossaart Lulofs, Preface (Anm. 63), S. ix; das Vorgehen an einem Beispiel anschaulich vorgeführt in Hana Šedinová, Aristotle's carp as claretus' bird *comor*? Tracing the origin of one medieval term, in: Acta Universitatis Carolinae. Philologica 2016, 2 (= Graecolatina Pragensia) (2016), S. 111–123, hier S. 114 und passim.

67 Ein Überblick über die handschriftliche Überlieferung wird gegeben in Aristotle, De animalibus, ed. Van Oppenraaij (Anm. 63), S. xx–xxvii. Cod. Sang. 836 ist beschrieben ebd., S. xxvii. Weitere Beschreibungen: Gustav Scherrer, Verzeichniss der Handschriften der Stiftsbibliothek von St. Gallen, Halle 1875, S. 284, und George Lacombe, Aristoteles Latinus, Corpus Philosophorum Medii Aevi, Bd. 2, Cambridge 1955, S. 1166.

68 Sprachgeographische Studien zur Sprache Konrads weisen auf den mittelfränkischen Raum. Siehe dazu Buckl, Megenberg aus zweiter Hand (Anm. 59), S. 14–15.

69 Gerold Hayer, Konrad von Megenberg. ‹Das Buch der Natur›. Untersuchungen zu seiner Text- und Überlieferungsgeschichte, Tübingen 1998, S. 8–9.

70 Anders als noch Jacob von Maerlant arbeitete Konrad mit einer jüngeren Fassung des lateinischen Textes, die Thomas von Cantimpré nicht mehr selber redigiert hatte. Zu den Unterschieden in den Fassungen der Vorlage sowie in den beiden Autorfassungen siehe ebd., S. 9–30.

71 Dabei dürfte die Belehrung von Laien, nicht aber deren Einbezug in die Wissensvermittlung, im Vordergrund gestanden haben. Es ist umstritten, wen Konrad selber als Zielpublikum vor Augen hatte, seine Schüler, seine Freunde aus dem wohlhabenden städtischen Adel und Bürgertum oder Herzog Rudolf IV. von Österreich, dem er die überarbeitete Fassung widmete. Ebd., S. 31–39.

72 Über 80 Handschriften enthalten den vollen Text. Die Zählungen fallen in der Forschungsliteratur unterschiedlich aus und enthalten ungerechtfertigt auch Rekordmeldungen. Siehe die differenzierte Darstellung ebd., S. 40.

73 Bei den Fischen betreffen die Kürzungen gar zwei Drittel, bei den Schlangen dafür nur ein Zehntel. Sollbach, Das Tierbuch des Konrad von Megenberg (Anm. 60), S. 13–14.

74 Johann Andreas Schmeller, Bemerkungen über Meister Chunrad von Megenberg, Domherrn zu Regensburg im XIV. Jahrhundert, und über den damaligen Zustand der Naturkunde im deutschen Volk, in: Jahres-Berichte der königlich Bayer'schen Akademie der Wissenschaften 3 (1831–1833), S. 41. Vgl. auch *Buch der Natur* von Konrad von Megenberg. Die erste Naturgeschichte in deutscher Sprache, hrsg. von Franz Pfeiffer, Stuttgart 1861, S. vi–vii.

75 Die Handschrift ist beschrieben in Hayer, Konrad von Megenberg (Anm. 69), S. 201–202. Überlieferungsgeschichtlich steht sie der Handschrift Karlsruhe, Badische Landesbibliothek, Cod. St. Blasien 14 nahe. Vgl. ebd., S. 96–97.

76 Vgl. die Ausgabe in Konrad von Megenberg. Das Buch der Natur, ed. Luff/Steer (Anm. 59), S. 4.

77 Die Forschungsliteratur zu dem bedeutenden Gelehrten ist sehr umfangreich. Zu Conrads Gessners Leben und Werk siehe umfassend Urs B. Leu, Conrad Gessner (1516–1565). Universalgelehrter und Naturforscher der Renaissance, Zürich 2016. Eine detaillierte Darstellung von Gessners Werdegang gibt auch Hans Fischer, Conrad Gessner (26. März 1516–13. Dezember 1565). Leben und Werk, Neujahrsblatt der Naturforschenden Gesellschaft in Zürich, Zürich 1966, S. 9–35 und passim.

78 Der fünfte Band erschien postum 1587. Der sechste Band, von dem ein Abschnitt noch in den fünften Band aufgenommen worden war, gelangte in Form von Notizen in die Hände späterer Naturforscher und Autoren.

79 Gessners Tierwelt umfasst auch noch 25 Fabeltiere wie zum Beispiel das Einhorn. Es gehört zu den nur vier Fabelwesen, deren Existenz Gessner nicht anzweifelte.

80 Zum Aufbau und zur Arbeitsweise siehe in knapper Darstellung Jan Niklas Meier, Wissen und Wunder. Conrad Gessners Historia animalium im Spiegel frühneuzeitlicher Wissenschaft. Empirie – Allegorie – Monstrosität, Hannover 2018, S. 14–20.

81 Zu Gessners Leistungen auf dem Gebiet der Sprachwissenschaft siehe die Arbeiten von Manfred Peters, zuletzt: Ders., Conrad Gessner, Bahnbrecher der Allgemeinen Linguistik, in: Conrad Gessner (1516–1565). Die Renaissance der Wissenschaften, hrsg. von Urs B. Leu und Peter Opitz, Berlin 2019, S. 499–516.

82 Als Beispiele seien angeführt www.wort-suchen.de/kreuzwortraetsel-hilfe/loesungen/Drachentöter/ und www.kreuzwortraetsellexikon.de/hilfe/drachentöter (15.9.2021).

83 Samantha J. E. Riches, Encountering the Monstrous: Saints and Dragons in Medieval Thought, in: The Monstrous Middle Ages, hrsg. von Bettina Bildhauer und Robert Mills, Cardiff 2003, S. 196–218, hier S. 200, zählt über vierzig Beispiele.

84 Zum Kampf Michaels gegen den Drachen vgl. Uwe Steffen, Drachenkampf. Der Mythos vom Bösen, Stuttgart 1984, S. 98–101.

85 Vgl. Riches, Encountering the Monstrous (Anm. 83), S. 197–201.

86 Vgl. ebd., S. 203.

87 Vgl. Annales regni Francorum inde ab a. 741 usque ad a. 829, qui dicuntur Annales Laurissenses maiores et Einhardi, hrsg. von Friedrich Kurze, Hannover 1895, S. 116–117. Zu A'bul-Abbas vgl. auch Karl Hauck, Tiergärten im Pfalzbereich, in: Deutsche Königspfalzen. Beiträge zu ihrer historischen und archäologischen Erforschung, Bd. 1, Göttingen 1963, S. 30–74, hier S. 45–46.

88 Zur Frage, wo der Wildbann lag, vgl. Gunnar Heuschkel, Zum Aachener Tiergehege zur Zeit Karls des Großen. Zum Aachener Wildbann in drei literarischen Quellen, in: Ex Oriente. Isaak und der weiße Elefant. Bagdad-Jerusalem-Aachen. Eine Reise durch drei Kulturen um 800 und heute, hrsg. von Wolfgang Dreßen, Georg Minkenberg und Adam C. Oellers, Mainz 2003, Bd. 3: Aachen. Der Westen, S. 144–155, hier S. 144 und 153–155.

89 3. Aventiure, Str. 100 (Übersetzung: Das Nibelungenlied und die Klage. Nach der Handschrift 857 der Stiftsbibliothek St. Gallen. Mittelhochdeutscher Text, Übersetzung und Kommentar, hrsg. von Joachim Heinzle, Berlin 2013, S. 41; Zitat an Schweizer Rechtschreibung angepasst).

90 15. Aventiure, Str. 899 und 902 (ebd., S. 289; Zitat an Schweizer Rechtschreibung angepasst).

91 19. Aventiure, Str. 946–963 (vgl. ebd., S. 302–307).

92 Die Magnusvita kombiniert zwei Teile. Im ersten Teil, der überwiegend aus den Viten von Kolumban und Gallus abgeschrieben ist, wird Magnus als Begleiter von Kolumban († 615) und Gallus († um 640) geschildert. Der zweite Teil berichtet vom seinem Wirken als Missionar im Allgäu im 8. Jahrhundert. Wenn er so lange gelebt hätte, wie seine Vita suggeriert, wäre er etwa 200 Jahre alt geworden. Zu Magnus vgl. Dorothea Walz, Auf den Spuren der Meister. Die Vita des heiligen Magnus von Füssen, Sigmaringen 1989; Stefan Vatter, St. Magnus. Apostel des Allgäus. Leben, Wirkung und Bedeutung, Lindenberg im Allgäu 2010. Die Paraphrasen aus der Magnusvita lehnen sich an die Übersetzung von Dorothea Walz an.

93 Vgl. Walz, Vita des heiligen Magnus (Anm. 92), S. 144–147.

94 Vgl. ebd., S. 156–159.

95 Vgl. ebd., S. 84–86; Vatter, St. Magnus (Anm. 92), S. 68–70.

96 Vgl. Vatter, St. Magnus (Anm. 92), S. 70. Erstaunlicherweise wird der Ortsname in der lateinischen Magnusvita ganz anders erklärt, nämlich als «Endstation für Pferde» (*caput equi*), «weil alle Jäger dort ihre Pferde abstellen mußten und zu Fuß zur Jagd weitergingen» (Walz, Vita des heiligen Magnus [Anm. 92], S. 156–157).

97 Edition und deutsche Übersetzung: Walahfrid Strabo, De imagine Tetrici. Das Standbild des rußigen Dietrich, eingel., hrsg., übers. und komm. von Tino Licht, Heidelberg 2020.

98 Tino Licht (ebd., S. 12 und 15) datiert auf «um 900».

99 Übersetzung F. S. unter Zuhilfenahme der in Versen geschriebenen Übersetzung von Tino Licht (ebd., S. 87).

100 Hauck, Tiergärten (Anm. 87), erliegt diesem Irrtum, wenn er Walahfrids Verse als «Hinweis auf die Wirklichkeit des Aachener Tiergartens» liest und trotz vorsichtiger Skepsis annimmt, dass dort auch «Panther, Tiger, Nashörner und Schlangen oder Krokodile» lebten, die vorgeführt wurden, «[w]enn der Kaiser es gebot» (S. 42 und 46). Horst Bredekamp, Der schwimmende Souverän. Karl der Große und die Bildpolitik des Körpers. Eine Studie zum schematischen Bildakt, Berlin 2014, S. 53, verkennt ebenfalls die politische Dimension von Walahfrids Friedensvision, wenn er schreibt, die Nennung der Tiere lasse «den Bericht als Produkt einer schwärmerischen Phantasie erscheinen».

101 Vgl. Hauck, Tiergärten (Anm. 87), S. 32–44; Heuschkel, Zum Aachener Tiergehege (Anm. 88), S. 144–150.

102 «Der Wolf findet Schutz beim Lamm, der Panther liegt beim Böcklein. Kalb und Löwe weiden zusammen, ein kleiner Junge leitet sie. Kuh und Bärin nähren sich zusammen, ihre Jungen liegen beieinander. Der Löwe frisst Stroh wie das Rind. Der Säugling spielt vor dem Schlupfloch der Natter und zur Höhle der Schlange streckt das Kind seine Hand aus» (Übersetzung: Einheitsübersetzung 2016).

103 Vgl. Heuschkel, Zum Aachener Tiergehege (Anm. 88), S. 152–153.

104 Aristoteles, Politik I.8, 1256b, 15–22, zit. nach Christoph Horn, Antike, in: Handbuch Tierethik. Grundlagen – Kontexte – Perspektiven, hrsg. von Johann S. Ach und Dagmar Borchers, Stuttgart 2018, S. 3–8, hier S. 4.

105 Ebd., S. 5.

106 Ebd., S. 6–7.

107 Anselm Oelze, Mittelalter, in: Handbuch Tierethik (Anm. 104), S. 9–13, hier S. 10.

108 Horn, Antike (Anm. 104), S. 3–4.

109 Ebd., S. 5–6.

110 Ebd., S. 6.

111 Art. Mischwesen, in: Wikipedia, https://de.wikipedia.org/wiki/Mischwesen (17.9.21).

112 Dazu umfassend: Matthias Baltes und Dieter Lau, Art. Animal, in: Augustinus-Lexikon, Bd. 1, Basel 1986, Sp. 356–374.

113 Ebd., Sp. 358.

114 Ebd., Sp. 358–359.

115 Augustinus, Zweiundzwanzig Bücher über den Gottesstaat. Aus dem Lateinischen übers. von Alfred Schröder, 3 Bde., Kempten 1911–1916; https://bkv.unifr.ch/works/9/versions/20/divisions/102286 (7.9.21).

116 Baltes/Lau, Art. Animal (Anm. 112), Sp. 359–360.

117 Helga Scheible, Die Gedichte in der Consolatio Philosophiae des Boethius, Heidelberg 1972, S. 170–171.

118 Carmen 5, 5. Boethius, Trost der Philosophie. Lateinisch und Deutsch, übertragen von Eberhard Gothein, Zürich 1949, S. 298–299.

119 Cod. Sang. 728, S. 8.

120 Stephan Zandt, Die Tiere der Mythologie, in: Tiere: Kulturwissenschaftliches Handbuch, hrsg. von Roland Borgards, Stuttgart 2016, S. 271.

121 Martin Langner, Kentauren. Der Wandel eines Bildmotivs von der Antike bis in die Neuzeit, in: ANIMALI. Tiere und Mischwesen von der Antike bis zur Neuzeit, Ausstellungskatalog Landesmuseum Zürich 01.03.2013–14.07.2013, hrsg. von Luca Tori und Aline Steinbrecher, Genf 2012, S. 240–253.

122 Ebd., S. 242–246. Quelle ist Lukian, Zeuxis, 3–6. Vgl. Virgilio Masciadri, Das Problem der Kentauren – die

Griechen und das Wunderbare, in: Spinnenfuss und
Krötenbauch. Genese und Symbolik von Komposit-
wesen, hrsg. von Paul Michel, Zürich 2013, S. 65–86,
hier S. 67.

123 Kristen Lippincott, The Aratus latinus and Revised
Aratus latinus (Aratus latinus recensio interpolata), s.l.
s.a, https://www.kristenlippincott.com/assets/Up-
loads/revised-aratus-latinus-full-text-3-Oct-2011.pdf
(17.9.21).

124 Anton von Euw, Die St.Galler Buchkunst vom 8. bis
zum Ende des 11. Jahrhunderts, Bd. 1, St.Gallen 2008,
S. 449–454; Dieter Blume, Mechthild Haffner und
Wolfgang Metzger, Sternbilder des Mittelalters. Der
gemalte Himmel zwischen Wissenschaft und Phantasie,
Bd. I: 800–1200, Teilbd. I.1: Text und Katalog der Handschriften, Berlin 2012, S. 508–514.

125 Von Euw, Buchkunst (Anm. 124), S. 53.

126 Blume, Sternbilder (Anm. 124), S. 512.

127 Horn, Antike (Anm. 104), S. 3.

128 Publius Ovidius Naso, Metamorphosen. Epos in
15 Büchern, hrsg. und übers. von Hermann Breitenbach,
Zürich ²1964, S. 162–173.

129 Buch 3, V. 193–197. Übersetzung: ebd., S. 167 und 169;
das Zitat an Schweizer Rechtschreibung angepasst.

130 Übersetzung: Ulrich Boner, Der Edelstein. Eine mittel-
alterliche Fabelsammlung. Zweisprachige Ausgabe
Mittelhochdeutsch – Neuhochdeutsch, hrsg. von
Manfred Stange, Ubstadt-Weiher 2016, S. 33.

131 Vgl. K. Onasch, Art. Evangelistensymbole, in: Lexikon
des Mittelalters, Bd. 4, München 1989, Sp. 138–140, hier
Sp. 138. Die Bibelzitate folgen der Einheitsübersetzung
2016.

132 Edition: Saint Jérôme. Commentaire sur S. Matthieu,
Bd. 1: Livres I–II. Texte latin, introduction, traduction et
notes, hrsg. von Émile Bonnard, Paris 1977, S. 64–65.

133 Zur Entstehung von Wappen vgl. Ludwig Bieler und
Eckart Henning, Wappen. Handbuch der Heraldik,
Köln ²⁰2017, S. 25–27.

134 Zu Heroldsbildern und gemeinen Bildern vgl. ebd.,
S. 97–116.

135 Vgl. Heiko Hartmann, Tiere in der historischen und
literarischen Heraldik des Mittelalters. Ein Aufriss, in:
Tiere und Fabelwesen im Mittelalter, hrsg. von Sabine
Obermaier, Berlin 2009, S. 147–179, hier S. 149–151.
Der Bär, das Wappentier unter anderem des Klosters
St. Gallen, kommt erst um 1200 auf (im Wappen von
Reginald FitzUrse).

136 Vgl. Václav Vok Filip, Einführung in die Heraldik,
Stuttgart ²2011, S. 25–26 und 103.

137 Zu Aegidius Tschudi vgl. Katharina Koller-Weiss und
Christian Sieber (Hrsg.), Aegidius Tschudi und seine
Zeit, Basel 2002, bes. S. 15–17.

138 Vgl. G. von Vivis, Art. «Ballwil, Baldwile, von», in:
Historisch-biographisches Lexikon der Schweiz, Bd. 1,
Neuenburg 1921, S. 549; Anton Gössi, Art. «Ballwil,
von», in: Historisches Lexikon der Schweiz (HLS),
Version vom 06.10.2011; online: https://hls-dhs-dss.ch/
de/articles/020085/2011-10-06/ (14.9.2021).

139 Vgl. F. Eggenschwiler, Art. «Balm, von. C. Kanton
Solothurn», in: Historisch-biographisches Lexikon der
Schweiz, Bd. 1, Neuenburg 1921, S. 550; Franziska
Hälg-Steffen, Art. «Balm, von», in: Historisches Lexikon

der Schweiz (HLS), Version vom 11.12.2001; online:
https://hls-dhs-dss.ch/de/articles/019596/2001-12-11/
(14.9.2021).

140 Vgl. P. X. Weber, Art. «Baerenstoss, von», in:
Historisch-biographisches Lexikon der Schweiz, Bd. 1,
Neuenburg 1921, S. 534.

141 Übersetzung: Ulrich Boner, Der Edelstein, ed. Stange
(Anm. 130), S. 107. Die Moral erstreckt sich über insgesamt 20 Verse.

142 Vgl. Carl Nordenfalk, Art. Fisch- und Vogel-Buchstaben,
in: Reallexikon zur Deutschen Kunstgeschichte, Bd. 9,
München 1990, Sp. 299–305; online: www.rdklabor.
de/w/?oldid=89127 (9.9.2021).

143 Zur sog. Germanischen Tierornamentik und ihrem Ein-
fluss auf die insulare Buchmalerei vgl. D. M. Wilson,
Art. Tierornamentik, Germanische. § 7. Britain, in:
Reallexikon der Germanischen Altertumskunde, Bd. 30,
Berlin 2005, S. 597–604, bes. S. 599–600; Michelle P.
Brown, The Lindisfarne Gospels and the Early Medieval
World, London 2011, S. 123–126; Nancy Netzer, New
Finds Versus the Beginning of the Narrative on Insular
Gospel Books, in: Insular and Anglo-Saxon Art and
Thought in the Early Medieval Period, hrsg. von Colum
Hourihane, Pennsylvania 2011, S. 3–13, bes. S. 9.

144 Vgl. Franziska Schnoor, Peccavimus-Initialseite, in:
An der Wiege Europas. Irische Buchkultur des
Frühmittelalters. Sommerausstellung 13. März bis
4. November 2018, hrsg. von Cornel Dora und Franziska
Schnoor, St.Gallen 2018, S. 88.

145 Vgl. Carol A. Farr, Reused, rescued, recycled: the art
historical and palaeographic contexts of the Irish
fragments, St.Gallen Codex 1395, in: An Insular Odyssey.
Manuscript Culture in early Christian Ireland and
beyond, hrsg. von Rachel Moss, Felicity O'Mahony and
Jane Maxwell, Dublin 2017, S. 175–193, hier S. 186–187
und 192.

146 Die folgende Beschreibung der Tiere basiert auf
Johannes Duft und Peter Meyer (Hrsg.), Die irischen
Miniaturen der Stiftsbibliothek St. Gallen, Olten 1953,
S. 103.

147 Einzelne Initialen dieser Art findet man auch im
Gundis-Evangeliar (Cod. Sang. 54) und im Evangelium
Longum (Cod. Sang. 53).

148 Zu den Institutiones Cassiodors und zu Cod. Sang. 855
vgl. Cassiodori senatori institutiones, hrsg. von
R. A. B. Mynors, Oxford 1963; Karl Schmuki, Die Unter-
teilung des Quadriviums in Cassiodors ‹Institutiones
saecularium litterarum›, in: Schmuki/Ochsenbein/
Dora, Cimelia Sangallensia (Anm. 50), S. 56–57;
Cassiodor, Institutiones divinarum et saecularium
litterarum. Einführung in die geistliche und weltliche
Wissenschaft, übers. und eingel. von Wolfgang
Bürsgens, 2 Bde., Freiburg i. Br. 2003; von Euw,
St. Galler Buchkunst (Anm. 124), Bd. 1, Nr. 56,
S. 353–354.

149 Zur Handschrift vgl. Die Handschriften der Stiftsbibliothek St. Gallen, Bd. 2: Abt. III/2: Codices 450–546,
bearb. von Beat von Scarpatetti, Wiesbaden 2008,
S. 181–186.

150 Zur Handschrift vgl. ebd., S. 381–382; Andreas Bräm,
Buchmalerei der Abtei und Stadt St. Gallen, der Abteien
Pfäfers, Fischingen und Rheinau, in: Buchmalerei im

Bodenseeraum. 13. bis 16. Jahrhundert, hrsg. von Eva Moser, Friedrichshafen 1997, S. 155–189 und 332–358, hier S. 164–166 und 341–342.

151 Zu Bertschi vgl. Walter Berschin, Neue Forschungen zum Augsburger Buchmaler Nicolaus Berschin d. Ä. (Bertschi, Bertschy; gest. um 1542), in: Scriptorium 55 (2001), S. 228–248.

152 Edition: Johann Hartlieb, Alexander, ed. Pawis (Anm. 17). Zur St. Galler Handschrift dort, S. 14–15, zum Schreiber S. 45.

153 Zum Autor und den Auftraggebern vgl. Frank Fürbeth, Johannes Hartlieb. Untersuchungen zu Leben und Werk, Tübingen 1992, S. 12 und 70–72.

154 Im Katalog der deutschsprachigen illustrierten Handschriften des Mittelalters, Bd. 1, München 1991, S. 118–119, wird der Buchmaler mit dem Miniator der Handschrift München, Bayerische Staatsbibliothek, Cgm 505, identifiziert, der dort auf fol. 3r in einem Spruchband namentlich genannt ist. Die Bordüre auf fol. 3r gleicht in der Tat den Bordüren in Cod. Sang. 625, auch die Insekten (Schmetterling, Käfer, Libelle, Fliegen) sind praktisch identisch. Allerdings besteht in der Forschung Uneinigkeit darüber, ob sich der Name Hans Rot wirklich auf den Buchmaler bezieht oder einen Besitzer bezeichnet (vgl. ebd., S. 185).

155 Rosy Schilling, Art. Drolerie, in: Reallexikon zur Deutschen Kunstgeschichte, Bd. 4, München 1955, Sp. 567–588; online: www.rdklabor.de/w/?oldid=89042 (23.9.2021).

156 Vgl. Art. Trompe-l'œil, in: Lexikon der Kunst. Architektur, Bildende Kunst, Angewandte Kunst, Industrieformgestaltung, Kunsttheorie, Bd. 7, Leipzig 1994, S. 425.

157 Vgl. Art. Trompe-l'œil, in: Lexikon der Kunst. Malerei, Architektur, Bildhauerkunst, Bd. 12, Freiburg i. Br. 1990, S. 25–28, hier S. 28.